子どもに寄り添う
「観察マインド」

思いやりのある支援に生かす

西野将史・前川あさ美

新曜社

第 5 章イラスト・装画

大原由軌子

はじめに

「みてみて」
幼児が叫びます。
こちらの視線を確認すると、
滑り台をすべりおりて、助けなしに立ちあがり、にっこりします。

「みてみて」
幼児が叫びます。
何度も失敗したのち、ぐらぐらしながら積み木が 7 段積み重ねられました。

「みてみて」
幼児は叫びます。
息を殺して、野良猫を指先でそっとなでました。

　幼児にとって「みて」ということが、重要な意味をもっているのがわかります。
　それは、自分のもつ力に気づき、それを肯定し、不安を払拭して未知への勇気を育み、達成感を味わっていくのを助けているかのようです。
　「みられる」ことは、この世に誕生した子どもにとって、生きるエネルギーの原動力となるのです。

　対人援助を行う支援者たちが身につけるスキルとして「傾聴」というものがあります。「聴く」という専門性です。その重要性は様々な理論の中で論じられ、また、多くの文献にも取り上げられています。この「傾聴」に比べると、「みる」という専門的スキルの支援における意味や重要性を取り上げている理論や文献は少ないように思われます。しかし、上記の幼児の様子から気づかれたでしょうか。「みて」を求める声は、「きいて」を求める

声よりも、ずっと早い時期から発せられているということを。これはどういうことでしょうか。「みられる」体験が、乳幼児期のこころの成長において、重大な意味をもっていることを教えてくれます。

　幼児にとって、「みる」という大人の姿勢が、幼児と大人の心理的交流を育て、その中でこころの主体的な成長を支えます。同様に、支援を必要としている人（以下、要支援者）にとっても「みる」という支援者の姿勢が、要支援者への理解を深め、関係を育て、要支援者が主体的に自分を成長させていく過程を促進します。

　現代社会では、何もせず、大人や支援者がただ「みる」ということがむずかしくなりつつあります。「スマホ育児」という言葉が出てきたように、スマホを片手にベビーカーを押していたり、ブランコを揺らしていたりする親たちをみたことがあるかもしれません。支援者たちはどうでしょう。口を出さず手を出さず、そのプロセスを「みる」ことも、思ったよりも容易ではないのです。

　本書は、精神分析的アプローチを専門として学び、保育や医療の領域で臨床活動を展開し、ごく最近、博士論文を仕上げた30代の若き心理士と、パーソンセンタード・アプローチ（PCA）を専門として学び、大学で心理士をめざす学生や大学院生に、また学外で福祉や医療、教育領域で子どもの支援を展開している支援者たちに指導や支援を行っている、壮年期を生きる（30代の若き心理士とほぼ同じ年代の子どもを育て終えた）心理士が、支援の場における「観察マインド」の重要性を強調したいと願って生まれたものです。それぞれの土台とする理論は、使われる用語は異なっていますが、支援が必要な子どもや支援者たちへのまなざしにおいては、多くの共通性があり、それらを確認していくのは、とても楽しく、興奮する過程でもありました。私自身、40年近い臨床の経験の中で、PCAを土台にしつつも、統合的な心理療法を行っていて、精神分析的理論についても、関心をもち、それなりに知識はありました。しかし、この若き心理士の口からエネルギッシュに語られる説明は、古着のようになっていた私の知識にインスピレーションを与えてくれました。

　執筆は、テーマを決めて、まず、それぞれに自分の臨床や研究における経験を土台にすすめていき、途中で何度も一緒に読み合わせをしました。思ったよりも長い時間がかかりましたが、お互い相手の原稿に問いをいれ、自分の専門でない部分については教え合いながら、時には議論をぶつけ合いながら、対話を重ね、修正や追加、削除を繰り返していきました。最初の原稿からは、かなり様変わりしたところもあります。ですが、年月をかけた分、心理的支援者と共有したいことを、今の自分たちのせいいっぱいの言葉を使って表

現できたように思います。

　こうしたプロセスがあったため、完全に単独で執筆をした箇所は、「はじめに」の前川の部分と、「あとがき」の西野の部分です。なお、第2章と第3章は、異なるアプローチを土台にもっている前川が、時々問いかけて内容を検討してもらったり、若干のたいしたことのない注文をつけて調整をしてもらったりしましたが、この執筆と並行して博論を執筆していた西野に大幅に任せました。乳幼児観察という姿勢について、わかりやすく解説をしてもらえたと思っています。ワークの第4章は、私がすでに大学や大学院、また学外の研修などで行っているものを掲載していますが、第5章は、西野の体験を土台にして、ふたりで話し合い、観察マインドだけでなく、実際の現場で乳幼児観察を活用する方法について、より具体的に実感をもってもらうような構成にしてみました。

　当初の計画から、大幅に作業が遅れてしまいましたが、私たちの不器用なプロセスを、温かく観察しつつ、見守ってくれました新曜社の田中由美子氏に心から感謝いたします。田中さんが思いやりのある場を作ってくれたおかげで、西野と前川も相互に思いやりの気持ちを絶やすことなく最後までたどり着きました。心から感謝します。また、ワークの後半の部分で、より観察の場をイメージできるように思案を重ねていたところ、こちらの希望を可能な限りかなえてイラストにしてくださった大原由軌子氏にも心から感謝申し上げます。

前川あさ美

目　次

はじめに　i

序　章　現在の臨床現場で求められるものとは？ ── 1

第 1 部　理論編

第 1 章　現場で求められる「観察マインド」── 6

1　支援における関係性　6
2　支援現場での観察　12
3　ありのままをみようとする「観察マインド」　18

第 2 章　乳幼児の観察 ── 24

1　乳児期の非言語的コミュニケーション　24
2　精神分析的セラピストのトレーニングとしての乳幼児観察　26
3　乳幼児観察の応用　28
4　4つのW　29

第 3 章　乳幼児観察における「観察」「記録」「対話」の一連のプロセス ── 34

1　観察　34
2　記録　40
3　対話　44

第 2 部　観察ワーク編

第 4 章　観察者の「主観性」を意識したワーク ——— 52

ワーク 1　52
ワーク 2　54
ワーク 3　57
ワーク 4　61
ワーク 5　63
ワーク 6　68
ワーク 7　71

第 5 章　「乳幼児観察の応用」によるワーク ——— 77

ワーク 8　77
ワーク 9　84
ワーク 10　90

終　章　「観察マインド」と
　　　　思いやりのあるまなざし ——— 97

あとがき　100
文献　102

■ コラム
1 自己一致　10
2 共感的理解　22
3 発達障害を抱える子どもがいる環境へのまなざし　32
4 観察における客観性と主観性　36
5 自分のこころで誰かのこころを体験する　39
6 まなざしの交流を妨げるスマホ　43
7 心理アセスメントにおける観察　49
8 ほどよい子育て　75
9 関係を育む「いること」を続ける姿勢　95

装幀＝新曜社デザイン室

序　章
現在の臨床現場で求められるものとは？

　公認心理師が誕生して以降、様々な領域や現場で心理的支援が求められるようになっています。具体例として、こころの専門家である臨床心理士が価値観として大事にしてきた個人面接・個人心理療法などの「オフィス臨床」だけでなく、デイケア・療育といった生活場面への介入や、授業や保育の参与観察などの訪問支援といった「コミュニティ臨床」も挙げられます。「面接室の中に籠るカウンセラー」と揶揄されることがあるように、現在の臨床現場では、「オフィス臨床」よりも「コミュニティ臨床」が求められる時代になってきています。個人的な印象になりますが、個々の人だけでなく集団・組織・社会そのものが心理的に切迫し、助けを求めるようになっているのかもしれません。

　臨床心理学に関する学派の多くは、「個人」の心理的支援に焦点を当ててきました。そういったこともあり、「集団」への心理的支援が求められるコミュニティ臨床では、先人たちの知見や理論をそのままの形で用いるのはむずかしいところがあります。しかし、実は個人を対象にしているようにみえてきた心理的支援も、「関係」というものを常に意識してきました。

　たとえば、精神分析では、「人のこころは、様々な次元や層から構成されており、それらは両親やきょうだい、これまで出会ってきた人たちとの経験に基づいている」ことを想定しています。すなわち、「個人のこころの中に他者」が存在し、「こころの中の他者」とのやりとりに基づいて、感じ、考え、話し、行動したりしていると理解しています。この理解に基づき、集団力動（雰囲気や空気と呼ばれるもので、複数人と場の掛け合わせによって生じる意識的・無意識的なこころの動き）を理解していく試みもあります。

　同様に、パーソンセンタード・アプローチ（以下、PCA）においては、個人の変化や成長には「関係」という土台を想定します。この「関係」は信頼関係、ラポールなどと呼ばれますが、PCAの創始者であるカール・ロジャース（Rogers, C.）は積極的に関心をもち、共感し、ありのままでいることのできる関係の中でこそ、人は他者とつながり、自分のいろいろな面を受け入れ、ありのままの自分への理解を深めていけると考えます。この「関

係」はセラピストからクライエントへの一方的な関わりではなく、相互性であることも強調されています。すなわち、「関係」の中で、セラピストも関心をもたれ、共感され、よりありのままでいようとすることができ、それがクライエントをより自己一致させ、他者、さらには集団や社会へとつながる……ということを重視しました。晩年、ロジャースは関係の力を信頼し、エンカウンターグループといった集団の中で生まれる体験過程の共有がこころの成長を助けると唱えています。

　このように、「コミュニティ臨床」における心理的支援の目標として、「個人」vs「集団」という二項対立の構図ではなく、「個人が尊重されると同時に関係、さらには集団・組織・社会が成長する機会となる」ことを掲げることができそうです。しかし、これは一朝一夕に解決できるほど簡単なものではありません。それこそ、同じ性質や特徴をもった「集団」は存在せず、「集団」を形成する複数の個人との間の関係ひとつとっても様々で、その総和は単純な加算ではなく、「集団の個別性」をみていかなければなりません。

　本書で取り上げる「観察」とは、支援者が要支援者の行動の理解と支援につなげるために行うもので、「集団をみながらも、その集団の中にいる個々人にも興味・関心を示していくありかた」です。これは、基礎心理学の実験や研究として使われる観察法と少し違います。

　観察は、要支援者の家庭や、普段生活している園や学校、発達支援事業所、病院のデイケアといった場面で行われます。観察者となる支援者は「参与的な観察者」として存在し、要支援者が生きている環境の一部となっていきます。このあたりは、文化人類学の研究手法のひとつであるエスノグラフィーに近い考え方ともいえます。

　観察者である支援者は、重要な観察対象の文脈の一部となり、観察対象と意識的にも無意識的にも相互作用をする存在として認識され、さらに、支援者の「主観性」は、観察された要支援者の行動の理解や、必要な支援を行っていく過程において、活用される重要な素材になります。

　また、「観察」で得られたものを各々の現場での心理的支援に還元するためには、「観察」だけでなく、「記録」と「対話」も重要であると論じます。そのため生かし方のポイントも取り上げます。意外かもしれませんが、心理臨床の書籍の中で「観察」を中心的なテーマとしたものは、そこまで多くありません。あらためて「観察」の奥深さや醍醐味に触れていきたいと思います。

　本書は、2部構成になります。第1部（第1章～第3章）は、理論編と位置づけており、「観察」に関する概要を解説します。第1章は、臨床現場で求められる心理的支援に必要

なものとして、「関係性」を取り上げます。そして、要支援者との「関係性」を育む過程において「観察」が重要になると論じます。第2章は乳児にとって重要なコミュニケーションである「みること」と「みられること」を解説します。そして、「みること」と「みられること」に焦点を当てることができる乳幼児観察の概要を記します。第3章は乳幼児観察の「観察」「記録」「対話」という一連のプロセスにおける観察者の体験を解説します。

　第2部（第4章〜第5章）は、観察ワーク編と位置づけており、様々な素材をもとに「観察・記録・対話」を体験することができます。第4章は観察者のまなざしを意識して観察のもつ支援力に気づいていく観察ワーク、第5章は乳幼児観察を意識した観察ワークとなっています。ワークの中の事例には、筆者たちが実践の中で出会ってきた子どもたちや支援者も出てきます。プライバシー保護のため、実際に経験した事例を少し加工したり、いくつかの事例を組み合わせたりしていますが、なるべく本質的な側面は残した形にしています。

　ワークに取り組むにあたり、「理論⇒ワーク」といった順番通りに読むだけでなく、「理論⇐ワーク」といったように、とりあえずやってみてから、解説を読むというやり方もよいと思います。「理論編⇔観察ワーク編⇔実際の現場」という循環を経ることで、「観察・記録・対話」のありかたを獲得していくことにつながります。

　終章は、「観察」「記録」「対話」という「観察マインド」が、子どもや支援者だけでなく、組織や社会に提供できるものについて触れてみたいと思います。

　本書で取り上げる観察に関する知見が、心理職や様々な対人援助職だけでなく、子育て中の養育者が子どもと接する中でも、お役に立てることができればと願っています。

第1部　理論編

　第1部では、本書の主題となる「観察ワーク」の土台を構成している理論を解説しています。心理職の業務は、心理面接・心理療法、心理検査など一対一の専門的行為をすることがイメージされがちです。しかし、専門的行為の背景には、「参与観察」という視点が明示的にも暗示的にも含まれています。ここに記されている内容の多くは、臨床心理学に関する理論や概念、専門用語であるため、心理職以外の方にとっては難解な印象を与えてしまうかもしれません。

　なるべくわかりやすいように具体例や観察記録を用いて説明していますが、紙幅の多くを割いていることから、なかなか読み進めるのがむずかしいと感じる方もいらっしゃるかもしれません。そういった方は、第2部の「観察ワーク」から先に取り組んでみてください。「観察ワーク」に取り組んだあとに、「どうして観察者はそんな視点から理解したんだろう」と疑問に感じられると思います。そうした理解の根拠を第1部で解説しているので、あとで見返して、理解を深めることもできます。是非、手に取っていただいた読者の皆様が読みやすい方法を試してみてください。

第1章
現場で求められる「観察マインド」

　心理的支援において必要なもののひとつとして、心理職などの支援者が要支援者と「関係性」を築くことが挙げられます。この章では、「関係性」の構築において、これまで論じられてきた「傾聴」だけでなく、「観察」がどのように重要であるかについて触れてみます。

1　支援における関係性

> Nくん
> 先生は、心理的支援に必要なものって何だと思いますか。支援の専門家になるにあたり、何が必要なのかと聞かれたら、先生なら、なんて答えますか。専門知識？　技法？　よりどころとする理論？　経験？　はたまた人間性？

> M先生
> 本書の土台となる、すごく大事な問いのひとつですね。どれも軽視してはならないけれど、私は「関係性」についての認識や「関係性」を育てるプロセスだと思っています。
> 専門知識も、現場での経験も、また技法や理論も人間性も、支援を求める要支援者やその関係者との信頼関係を作るために活用はできると思うけれど、それらを手に入れたからといって効果的な支援ができるようになるわけではないんです。
> 支援、介入、療法、ケアなどと言葉はいろいろあるけれど、それらの土台に必要なものは人と人との出会い、「関係性」なのです。

　本書は、技法を教え、技法を身につけることを主な目的としてはいません。技法を身につけることだけに一生懸命になっても、要支援者を支えることにはつながらないことを現場で強く感じてきました。ここで説明していく「観察マインド」というものを日常の支援の場でほんの少し意識することで、要支援者の心理状態について、あるいは要支援者が

抱えている問題行動の背景にある別の意味を考えられるようになります。それだけでなく、支援過程に必要な、支援者である自分と要支援者の「関係性」への理解や、支援につながるような「関係性」育成に生かすことができます。

　どんな理論や流派においても、また相手が子どもであろうと高齢者であろうと、信頼できる関係というのは、心理的支援において重要です。これは、ラポールという言葉で説明されることもあります。

　あるとき、小学校の教員から、「支援に必要な信頼関係は、"仲良しの関係"とは違うのでしょうか」と質問されたことがありました。その先生は、担任として受け持つ児童の養育者と頻繁に会う機会があり、いろんなことを話し合って、とても仲良くなれていたと思っていました。ところが、実はこの養育者が配偶者からDVを受けていて、子育てにも悪い影響が出ているのではないかと悩んでいたことを養護教諭には話していたのに、自分には話してくれなかったことを知り、気にしていました。担任の先生は、「仲良くなれたと思ったのに、信頼されていなかったんでしょうか……仲良しと信頼関係はどう違うんでしょう」とつぶやきました。読者の皆さんは、どう思いますか？

　「仲良し」の定義は一人ひとり異なるかもしれませんが、「支援関係における信頼」は、長い時間一緒にいたり、楽しいことを共有したり、同じ意見を分かち合えたりすることによって作られるものではありません。信頼関係には、楽しさだけではない、怒りや悲しみ、失望や悔しさなどといった心地よいとはいえない感情について安心感をもって分かち合えること、そして異なる意見をもっていたり、自分の考えに自信がもてなくても恐れずに正直にありのままに理解し合おうと努めたりすることができる心理状態が存在します。仲良しだからこそ言わないでいたいこと、隠しておいたほうがいいことが出てくることもあります。ここまでに記した内容から、要支援者との間に必要な支援関係における「関係性」と単なる「仲良し」は、違うことがわかりますね。

　こうした「関係性」を育てるには、多くの対人援助の理論やテキストで論じられている「傾聴」という姿勢が必要となります。ですが、人間関係には、聞こえないもの、言葉にならないものが行き交うものです。「観察」は、「傾聴」とともに、こうした「関係性」を作っていく過程において重要となります。

　「観察マインド」は、この世界の現象をみて、理解するというマインド、心構えのことです。みることができるものとして、色や形、傾きや揺れなどの動きがあります。私たちは、化粧や髪の毛のセット、服装といったものを単独で観察するだけでなく、顔のいくつかの部分の細かい動きから作られる表情、言葉を発する際や沈黙しているときに動く姿勢、

首や手足の揺れ・傾き、笑ったり、大声を出したり、音を聞いたり、何かに触れたりしたときのまなざしや口の形、手の動きの速さなどといった、いくつもの情報を統合して同時に観察しています。

　目が見えていれば誰でも同じようにみたものを受け取れるかというとそういうものでもありません。人によって、目に入りやすいものは異なります。何をみるかという目的を意識することによっても、目に入りやすいものとそうでないものが生まれます。疲れや気分といった一時的なもの、あるいは過去の経験によって、見落としたり、必要以上に着目したりすることもあります。さらに、たとえ同じものをみたとしても、それまでと異なった解釈、違った意味が付与され体験することもあります。本書の第2部のワークの中でも取り上げますが、私たちは、現実世界の中で、何かひとつの情報だけを単独でみるということはなく、他の情報も合わさってみたり、様々な文脈の中でみたりしています。そうした体験を通して、単独にみているものから多角的・複層的にみているものへと変化していきます。みた情報と他の感覚情報（音声や味や匂いや感触）の間にズレがある場合、みているものの印象は異なって体験されることもあります。

　以上から、視覚があるからといって、他者と同じように「観察」を体験し、同じように理解するわけではないことを知っておく必要があります。すなわち、みるということは、誰でも、あるいはどんなときでも同じように体験しているわけではないということです。

　前述したように、支援における「関係性」とは、支援のプロセスだけでなく成果にも影響を与える重大なものです。本書で注目する「関係性」は、支援者と要支援者との間のものだけではありません。公認心理師法の業務の中にも明記されているように、要支援者の家族や親族、友人や学校の教師、職場の同僚や上司……、支援を求めている人と関わって生きている人たちとの間における関係も重視せねばなりません。また、支援者に生じる様々な気持ちや考え、つまり支援者自身のこころの中にある様々な視点・立場との関係も心理的支援を行ううえで必要不可欠になります。要支援者や関係者に耳を傾け観察するように、支援者は、ありのままに自分と向き合い対話し、こころの中に生じる感情や思考のプロセスをじっくりと観察することが求められます。

　PCAの創始者であるカール・ロジャースは、要支援者が自己実現していく過程を促進するひとつの要因として、「自己一致」をあげています（コラム1参照）。「自己一致」とは、支援者が自己について目を背けず、自問自答を繰り返し、ありのままに認めていくことで、その実現に近づけるのです。そして「自己一致」のためには、自分との対話、そして自分の主観的世界の観察が必要となります。

PCAを心理臨床活動の土台にしていると、「PCAでは、セラピストから質問とかほとんどしないし、言葉を発するとしてもクライエントの言ったことのオウム返しぐらいという印象をもっているのですが……」と語る人に出会うこともあります。傾聴という姿勢を強調しているのは事実ですが、決してそんなことはありません。ロジャーズや日本にPCAを導入した佐治守夫のケースの逐語録をみたことがある方は、「PCAのセラピストは黙って傾聴するだけと思ったのに、よく話しているな」と少なからず驚かれたことでしょう。クライエントを理解しようと努める過程で、彼らは、クライエントに問いかけ、理解できていないことや、理解できたことが間違っていないかどうかを、言葉にして確認しようとします。また、「今ここ」にいるクライエントの姿勢や表情、視線などを通して感じたり、それらに刺激されて湧いてきたりした主観的体験を言葉にして共有します。土居（1977）が、「面接を"inter-view（内側で眺める）"とはよくいったものだ」と述べているように、心理面接の前提条件として「参与観察」が暗に含まれているといえるでしょう。たとえば、話しているときの表情やイントネーション、言い回し、話すスピード、語気といったものに語り手の情緒や思考が含まれています。具体例を挙げてみると、面接の中でクライエントが、「『まあ、しかたないですよね』と笑みを浮かべ話した」という場面を記録するとき、「『まあ、しかたないですよね』と力なく少し諦めを含む笑みを浮かべ話した」という表現と、「『まあ、しかたないですよね』と皮肉めいた笑みを浮かべ話した」という表現では、文脈や意味がまったく異なります。このように、「観察」は、「言葉」が理解において、決して万能なものではないことを教えてくれます。

　このアプローチを土台にした臨床を行っていると、要支援者であるクライエントだけでなく、自分自身を観察し、自分と（声に出さないけれど）内的な対話を交わす時間が多いということをいつも感じます。支援者が支援過程で自分のこころを観察し、自分に耳を傾けることは、精神分析的アプローチにおいても大事にされています。このアプローチでは「逆転移」（p.35参照）という概念を重要視しています。逆転移とは、セラピストがクライエントに対して抱く感情や思考であり、本書では、観察者が子どもの観察を通して抱く感情や思考にあたります。これらの一部は、セラピストや観察者の過去の体験によって形成され、似たような状況や場面に遭遇したとき、意識的にも無意識的にも自然と喚起されます。つまり、要支援者との関係の中に身を置いている支援者自身を観察し、そこで起きる自分自身の中の体験を振り返ることを手がかりに、要支援者の理解を深めていきます。すなわち、言葉に対する「傾聴」だけでなく、言葉にならないものに対して五感すべてを用いて「観察」するという支援者の姿勢が「逆転移」を把握するうえで助けになります。

「観察マインド」は、支援過程に登場する様々な「関係性」に「傾聴」とともに意識を向け、支援のプロセスの展開やゴールの設定における心構えになります。

自己一致
【Congruence or genuiness】

　自己一致は、自分に対する理解を深め、どんな自分も無条件に受け入れ受容する態度であり、クライエントに対する共感的理解や受容と深く関わります(Rogers, 1942, 1961)。

　PCAでは、セラピストは、クライエントと関わる過程で、自分の中に湧いてきた感じや思いをごまかさず、また、評価もせずに、まなざしを向けていきます。支援者は、自分の内側で体験していることを言葉にできる場合もあれば、もやもやしたままだったり、言葉以前に感情に動かされ、たとえば涙ぐんだりする場合もありますが、クライエントを前にして自分が味わっているすべてを、そのまま受け止めようとします。

　そんな体験が相手の成長にどのように生かされるのでしょうか。イギリスでPCAを展開している心理臨床家メアンズ（Mearns, 1994）が本の中で紹介しているあるセラピストの事例をみてみましょう。プレイセラピーの中で、10歳になる男児が自由に遊べるようになってきたものの、きちんと片付けることに一生懸命な様子をみていたセラピストは、自分の中に湧いてくる感情や思いと向き合います。それは、「ごちゃごちゃに散らかしたい」というものでした。そこで、そばにあったレゴの箱をひっくり返してみたのです。男児は驚いた表情をしましたが、次の瞬間、にっこりと笑います。しばらく、見つめ合ったあと、男児は、プレイルームをごちゃごちゃに散らかしていきます。このセッションはとても重要な転機となり、この男児は自分らしく生きる変化をとげていったといいます。

　実は、この男児は、両親にそれぞれ恋人がいて、離婚の調停をしていました。両親は自分のことで子どもの生活まで手がまわらず、男児は自分で自分のことを必死にコントロールしようとしていたのです。セラピストは、あとになって、自分の中に湧いてきた感情や思いを表現できたのは、自分の直感を信じたこと、そして、それに反応できるだろうという男児への信頼があったことが背景にあると振り返っています。

セラピストが自分の内的な体験をありのままに認めて信じることも大切ですが、セラピストの共感的理解をクライエントがキャッチできるということを信頼することも支援関係においては大切だということです。

　「自己一致」が重要という話の流れで、「可愛くない」というようなネガティブな感情を子どもに抱いてしまった支援者の体験を、子どもにそのまま伝えていいのか、子どもを傷つけてしまわないか、と質問されたことがあります。自己一致した体験を支援の関係の中にどのように生かすかは、それぞれの関係性や文脈によって異なってきます。必ず、伝えて共有することが必要なわけではありません。伝えないとしても、それは、観察者や支援者の中に湧いてきた感情を否定したり、無視したりすることではありません。自己一致を支援につなげるというのは、「感じているんだから正直に伝えてしまおう」というものではなく、自分が体験しているいろいろな感情に支援者自身が正直に気づいて、この体験が生まれたことに、「なんでだろう」とこころを傾けることで、子どもや子どもが生きる環境により深く共感していくプロセスが促されていくことが重要になるのです。

2　支援現場での観察

Nくん　「観察」は、「傾聴」に比べて、そんなにむずかしいものではないと多くの人が思っているだろうと感じています。ですが、実際、乳幼児観察（第2章参照）を経験すると、観察の奥深さやむずかしさを感じますね。そして、どうしたら支援につながる「観察」がもっとうまくできるようになるのかと、自問自答することが多いです。

M先生　そうね。「観察」は確かに奥が深いし、実は、こうすれば支援につながる、と簡単に説明できない部分があります。「観察」を支援に生かすうえで、観察対象、観察姿勢、観察したものを支援につなげるプロセスについて、ここで考えてみたいと思います。

観察する対象は、あらかじめ決められていることもありますが、そうではないものを観察することもありますね。観察姿勢は、自分がやってきた乳幼児観察における姿勢と、たぶん、M先生が巡回相談や心理臨床活動の中で行っているものとは違いがあるかと思いますので、まず、先生の考えていることを聞かせてください。

何を観察するのか―観察対象―

　心理臨床活動では、プレイセラピーや心理療法や心理面接、心理アセスメントにおいてクライエントや心理検査を受ける人を観察するということがあります（コラム7参照）。そうした場合、漠然と「子どもが遊んでる」「話をしている」「机で問題を解いている」という行動を捉えるだけでなく、そのときの顔の表情や視線、上体の傾きや手足の動きなど、意識して注意を傾けることではじめてみえるようなものも観察の対象になります。こうした些細なことから、子どもの心理的状態だけでなく、身体的神経的な機能の状況を把握することもできます。たとえば、深刻な話をしているけれど、表情は笑っているという人を観察するとき、「話をしている」人だけでなく、「その内容を受け止めきれないでいる」人や、あるいは「深刻に受け止められてしまうと不安になってしまう」人が観察されます。保育士に積み木を投げるのを注意され「ごめんなさい」を言えたあと、手元の積み木を指

で小さくはじく子どもを観察するとき、怒られたことへの「しまった」という思いとともに、「とめられるのイヤだ」「投げたい」という思いを両方抱える子どもが観察できます。小さな車のおもちゃをつかむ子どもの様子を観察するとき、その子の親指を使わず人差し指、中指と手のひらでつかんでいる様子から、神経学的な課題をもっている子どもが観察できることもあります。特定の家族について話をするときだけ必ず眉間にしわを寄せる様子を観察すると、語られていない家族内の葛藤を抱えている可能性を観察することができます。

また、観察対象となる子どもやクライエントだけでなく、その対象と関わる存在も一緒に観察対象となります。幼稚園や保育園、小学校などを訪問して、部屋や教室の中で子どもたちや児童を観察するときには、特定の子どもを観察しつつも、それだけでなく、その子がいる空間の様子や、一緒にいる子どもたち、担当の保育士との関わりもともに観察していきます。さらに、観察者自身との関わりも観察の対象とする場合もあります。筆者は、保育園や幼稚園での観察時に、観察対象とする子どもの「視線」を意識します。子どものほうから視線を合わせる場合、合わせようとしない場合、こちらが「視線」を向けたら、じっと見返す場合、視線を合わせてもさっと避ける場合など、「視線」だけでも、様々な様子が観察されます。

つまり、支援につなげるための観察の対象は、特定の対象の主要な行動にとどまらず、その行動と同時に生じている微細な行動や表情、そして視線、さらに対象が存在する周辺の状況、また、関わる人間関係といったことも一緒にみていきます。

どのように観察するのか―観察姿勢―

観察法を大学などで学習をしたことがある人は、次のようなことを覚えているかもしれません。観察のしかたには、実験的観察法、自然観察法、参与観察法といったものがあります。実験的観察法は実験室や、特定の場所をあらかじめ作っておきます。そこには、特定のおもちゃなどが置かれ、設定された時間と状況において、特定の行動を生起しやすくさせるような条件を設けるなどして、子どもや子どもと大人の関係などをビデオやマジックミラーなどを使って観察していきます。実験的観察法の代表例のひとつとして、ストレンジ・シチュエーション法が挙げられます。ストレンジ・シチュエーション法とは、乳幼児が見知らぬ人の前でどう行動するかを観察してアタッチメントのタイプを分類するためのものですが、やや日常とは異なる状況の中での観察となり、いつもと違う様子が生じる場合があります。

それに対して、自然観察法は、園庭や教室といった日常的で自然な状況の中で子どもや子ども同士、あるいは、子どもと大人の関係などを観察します。実験的観察法とは違って、求めている行動が観察している時間内に生起しないこともありますが、日常の中での子どもたちの自然な様子を観察することが可能です。自然観察法では、観察者は特別なことはせず、少し離れたところから観察します。

参与観察法は、こうした園庭や教室で、あるいは面接室やプレイルームで観察する場合に、対象に観察者が関わりながら、観察するという方法です。ただ、観察対象の様子をみているだけでなく、観察者が自然に関わったり、あるいは時には意図的にある行動をとったり、言葉をかけたりして、それに対する反応に目を向けて観察します。観察者との関係によって、日常ではあまり顕在化していなかった様子が観察されることもあります。

こうした観察姿勢は、組み合わされることもあります。筆者は、巡回相談として、保育園などに観察に行く場合、まず、遠くから子どもたちと子どもたちがいる環境（部屋の様子や保育士たちとの関わりを含めて）を観察します。そのあとに、部屋の中に入ったり、園庭にしゃがんだりして、子どもの目に入るところにいて関わりながら観察をします。自然観察法と参与観察法の両方を行っていることになります。

どのようなむずかしさがあるのか―支援につなげる観察プロセス―

私たちは、写真をとるように客観的に観察するだけでなく、多くの場合、観察したものに意味をつけたり、解釈したりして体験しています。そして、こうしたことが、観察を支援につなげるプロセスとなりますし、同時に、支援の思わぬ障害となることもあります。

観察を支援につなげるうえで、注意しておきたいことをいくつか整理してみます。

①ある特定の行動だけを切りぬいて解釈を急いでしまうこと

何かを決める際に、「必ず親に電話して確認している」という中学生がいるとします。「親に電話する」という行動から、「親離れできていないのだろうか」あるいは「親に支配されているのかもしれない」などと推測することができます。しかし、最近妹が入院し、何かを決める際に、家族の予定を確認しないと自分だけで決められない時期であったという情報があると、この推測はがらりと変わります。

友だちを思いっきり突き飛ばしてしまった子どもがいたとします。その場面だけだと、突き飛ばした子どもは「乱暴で攻撃的」と観察されますが、後ろから自転車がつっこんできたとか、上から物が落下してきたといった状況がみえてくると、「突き飛ばす」と観察

された行動は「危険から守るための援助的行動」と解釈することができます。

　ある行動の前に何があり、これからどうしようとしているかという時間軸や、行動が生起する場の状況や人間関係といった空間軸を含めた文脈というものに目を向けることを忘れ、観察された特定の行動だけから解釈を急ぐと、観察された行動への理解を誤ってしまいます。

②観察と解釈の間を個人的体験だけで結びつけてしまうこと

　ある子どもの「爪を噛んでいる」という行動を「嫌いなことを長く強制されてイラついている」と解釈した観察者がいました。どうしてそのように観察したのかをきいてみると、観察者自身が、過去に、何度もそうした経験があったことがわかりました。そのため「爪を噛む」イコール「強制されてイラつく」という観察になっていたのです。人は、自分自身の個人的体験などを意識的、あるいは無意識的に用いて解釈し、わかったつもりになってしまうということがあります。自分の過去の経験が解釈に関与してくることは避けられない部分もあります。特に心に傷を負った自らの経験は強烈な力で目の前の他者の体験への理解に影響を与えるものです。それゆえに、観察をされているものか、そうではないかを意識しておく必要があります。しばしば、個人的体験だけでなく推測されたものが観察されたものを越えて事実として存在していたかのように思い込んでしまうこともあるので気をつけないといけません。観察した客観的な事象に個人的体験を結びつけて解釈しているかどうかを振り返り、他の事象、たとえば別の日の様子や別の場所での様子といった情報も活用していくことで、個人的体験にとらわれることのない、目の前の行動の理解を深めることができます。

③評価的に観察をすること

　100％客観的な観察というのは、そもそも不可能ではないかと思うことがあります。私たちは観察したものに、前述したような過去の体験や、自分の価値観やその日の状態、さらには社会からの期待や文化的に自明な事柄といったことに影響を受けて意識的にも無意識的にも主観的な解釈をつけて体験しています。これが支援にマイナスになるかというと、必ずしも障害になるものとはいえません。しかし、しばしば、評価的なまなざしは支援関係にストレスを生じさせたり、支援活動の目標をゆがめたりしてしまうことがあるので注意が必要です。というのも、観察したものを評価的な表現で記載することで、記載された評価が独り歩きしてしまう場合があるのです。

Aくんの「シャツをズボンにいれない」という行動に「Aくんはだらしない」という記録をつけることで、「シャツが出ている子どもの観察」でなく、「だらしないと評価された子どもの観察」にすり替わってしまいます。評価には個人の過去の体験や価値観などが関与しており、そういった関与の影響を回避することは容易ではありません。そのため、たとえば、客観的な観察のあとに『「シャツをズボンにいれない」（みていてだらしないなと感じる）』のように（　）などをつけて、主観的な評価や感情は区別して記載する方法があります。観察されたものは、観察対象の一側面であることを理解し、評価的表現で個人全体をジャッジしてしまわないように気をつけます。しかし、こうした評価的な体験は、記録で明示しておくことで、支援関係を振り返ったり、支援対象や対象と日常で関わる人が抱いている気持ちへの理解を深めたりする手がかりとすることができます。

④観察した複数のものの関連性の齟齬を否認すること
　観察された行動を、ただA、B、Cと並べているだけでは、観察対象を統合された存在として理解することはできません。そのため、観察者は、それらの関係性を統合的に吟味して仮説を立て、検証していこうとします。しかし、複数の観察事象が矛盾なく関連し合っているのであれば理解しやすいですが、時に、それらの間に齟齬がある場合があります。そのようなとき、観察された行動の一部をなかったことにしてしまわないように注意します。

　たとえば、小学2年生の児童の「算数のノートが汚い」「漢字が書けない」「折り紙を折れない」「遠足でみたカバの細部まで正確に描く」「3ケタの暗算ができる」という様子を観察したとします。前者3つだと、手先を使った微細運動が不器用なのか、知的な遅れもあるのだろうか、などと解釈しそうになるかもしれませんが、後者2つの観察情報により、その解釈は揺らぎます。あるいは、「算数のノートが汚い」だけでなく、どの教科のノートも汚いと観察した日があったが、別の曜日には実にみやすく丁寧にノートをとれていたということがあった場合、どちらが正しいのかという思いが出てくるでしょう。齟齬は、どちらが正しいか、どちらが間違っているかということを教えるものではなく、齟齬が生じる背景をさらに探ることで、状態をより複雑に正確に理解するチャンスを与えてくれるものです。観察で出てきたギャップや矛盾といった齟齬にこそ注目して、どう理解ができるかを探るためにさらに他の観察が必要になっていきます。

⑤観察過程の主観的体験を無視すること

　ありのままの様子を観察するには、できるだけ観察者が余計な関わりをしないほうがいいという場合もあります。しかし、観察という場では、観察者は透明人間になれないという当たり前のことに気づかされます。前述した参与観察法というのは、むしろ観察者の存在を、観察される対象からも観察されている存在として活用する方法です。少し離れて観察しているつもりでも、子どもから声がかかることがありますし、逆に観察者から思わず、声を出してしまう場面もあります。観察を支援に生かしていくには、このことを意識していきます。

　たとえば、巡回相談で園を訪れると、新参者に恐怖感を抱いて視線を合わせないようにしたり、距離をとったりする子どももいますが、積極的に興味をもって近づいてくる子どももいます。他児に声をかけて関わる観察者を目撃してから、そろりそろりと近づいてくる子どももいます。他児の陰からずっと視線を送り、目を合わせるとそらす子どももいます。観察者というありかたが、子どもたちから、普段はみえにくい行動や応答を引き出します。そして、そうした情報は支援活動を組み立てるうえで活用することができます。

　一方で、観察者が、子どもの自然な状態を黙って観察していられなくなることもあります。たとえば、指先がなんとも不器用で、うまく粘土を丸められなかったり、人形を砂場に立てようとして、うまく立てられずに何度も失敗している様子をみていて、思わず手を貸したり、こうしたらと言ったりしてしまいます。できるだけありのままの様子を観察することが子どもの理解には必要になりますが、支援に生かすうえで、こうした観察者の思いや体験を自覚しておく（記録に残す）ことで、「こういう思いや気持ちを感じる関係性が生じやすい子ども」という観察が、その子の理解や支援へのヒントを提供してくれることもあります。

　観察にはこうしたむずかしさがあります。これらは、観察を支援に生かしていくプロセスにおいて障害となりうることを意識しておきましょう。

3　ありのままをみようとする「観察マインド」

M先生：ここでは、心理的支援を行おうとする人に大切にしてもらいたい「観察マインド」についてまとめておこうと思います。あえて、マインドという言葉を用いるのは、技法というのとは異なることを伝えたかったからです。訓練で身につけるというよりも、心構えといっていいかしら。

Nくん：いい支援というのは、的確な技法を集めてできあがるわけではないですよね。

M先生：そうなの。「観察マインド」は、簡単なようだけど、簡単でもないのです。そのマインドを完全に発揮できなくても、観察者が意識をするだけでも、違います。

①ありのままをみようとする「観察マインド」

　人間というのは、基本的に「みたいもの」「関心のあるもの」「気になっているもの」をみるものです。ですから、観察において「ありのままにみる」ことは決して容易なことではありません。観察者自身の個人的要因が、何を観察するか、どのように観察するかに影響を与えることを意識しておくマインドが大切になります。たとえば過去の体験です。人は、似たような体験をしたことがあると、それを自分の過去の体験に引きつけて観察をしてしまいます。ありのままに観察しているつもりでも、自分の体験や過去の似たような場面のイメージという色眼鏡を通してみてしまうのです。また、そうした体験の中で意識的にも無意識的にも、人は自分の中に価値の基準を作ります。それがものさしとなって「いい」「よくない」といった評価をつけながら観察をしてしまいます。さらに、理解を急ぐあまり、単純化したり、一般化したりして早急な見立てをしていくと、視野をせばめたり、選択的に目を向けたり、逆に目を向けられなかったりということが生じやすくなります。

　こうしたことは観察対象をありのままにみようとすることを妨害するだけではありません。ありのままの子どもの姿の出現を妨害することがあります。なぜなら、観察者のまなざしを、「観察」ではなく、「監視」にしてしまい、観察者の表情や態度によって、子ども

を萎縮させるからです。ですから、観察者は、観察プロセスにおいても、上記のことを意識しておくようにします。

さらに、ありのままにみようとする「観察マインド」では、みているものは「今、ここで」の姿であり、そこでの「特定の文脈」のうえに生じているものであるという意識も必要です。いらいらと癇癪をおこしていることを観察しても、その子どもが「癇癪もち」とは限りません。みているものは「その場面」「その文脈」での子どもの姿であると理解します。

②自分と対話をする「観察マインド」

これは、観察者自身の体験に五感を使って、ありのままに目を向けるマインドです。

観察の場合、傾聴よりも、すぐに言語化されませんが、表情や姿勢といった非言語的なありかたに観察者のありのままの体験が反映されることがあります。気がついていないけれど、否定的な表情をしていたり、姿勢がのけぞったりといったことを通して、前述したように、観察対象をありのままにみることを妨害してしまうことがあります。「みる」においても、「聴く」と同様に、無条件の積極的関心や共感的理解（コラム２参照）の交流が支援者と子どもの間において生じます。たとえば、「同じ方向に体を向ける」、「同じものをじっとながめる」、「眉をひそめる」、「大きく目を見開く」、「宙を見つめる」……こうした支援者のありかたは、子どもに観察され、子どもとの心理的接触に影響を与えます。

自分との対話をする「観察マインド」において、「こう感じた」「こう思った」をそのまま意識することが大切です。「こういう気持ちになるのはどうしてだろう」などと支援者が自分と対話して、自分が体験していることに正直に意識を向けたり、体験とその表現を一致させていったり（自己一致）することで、支援につながる観察が可能になります。

大声を出す、たたく、かみつく、逃げ出す、あるいは何も反応しなくなるといった問題行動とみなされてしまう姿は、果たして本当に問題なのか。そうした行動は、親のしつけがなっていなかったり、子どもが学習できていなかったり、反抗的だったり、幼稚だったりするために起こっているのだろうか。実は、これらは、その文脈の中で、自分を守るためにとられている、あるいは自分をありのままに表現をするためにとられている行動であるとも考えられます。子どもが安全感や安心感を体験できない状況の中で、逃げるか闘うか、あるいは固まってしまうかといった反応を起こしているのかもしれません。観察された子どもの行動を早急に解釈して決めつけないためにも、「なんでだろう」「どういうことなんだろう」と立ち止まって自分に問うたり、仮説をもうけてみたり、練りなおしたりと

いった自己との対話が、大切な「観察マインド」を育てていきます。

　また、観察者が「あの子に対しては思わず注意したくなる気持ちが何度も強く湧いてくるな」と感じながらも、その子に対して手を出さずに見守り続けることを経て、「ひょっとしたら、あの子はこれまで自分の考えや感じていることといった価値観をありのままに受け止めてもらえず、頭ごなしに否定されてきた体験が繰り返されていて、それが今この場でも起きかけたのかもしれない」とふと思うこともあります。このとき、観察者の「思わず注意したくなった」気持ちは、子どもが、こころの中の世界（内的世界）にいる過去の体験によって作られた頭ごなしに否定してくる「他者イメージ」（精神分析では内的対象と呼ばれます）を想定して観察者と関わりをもっているかもしれない、という新たな見方（仮説）へとつながり、子どもを理解するための手がかりになります。

　自分と対話をしながら生まれた仮説を検証するために、観察者は教員や保育者、養育者などの周囲の人との対話が重要になります。上記の例の続きを用いると、「なんか、あの子を観察していると、『それは、こういうふうにやったほうがいいよ』とつい口や手を出したくなるんですよね。先生（お母さん）はそういう気持ちになることありますか？」といったように、先生（お母さん）の体験をきくことで、再度観察者は自分と対話をします。そうしながら仮説を練り直していくのです。

③環境に目を向ける「観察マインド」

　安心と安全が保障されている関係や場で、子どもは自分が「ありのまま」でいられるようになります。さらには、そこから探求しようとする積極的・能動的意欲を育てていくといわれています。観察者自身がありのままにみようとしても、子どもがありのままにいられていない場合もあります。観察者は、子どもの安心と安全に影響を与えているものにも敏感でいるマインドが求められます。

　子どもをみていて、体の力が程よく抜けていて、ゆっくりと一定のリズムで呼吸していて、目を合わせるとしっかりと合い、声の調子や表情に無理がない……そんな状態の子どもは、おそらく、安心して安全な環境を体験しているでしょう。逆に、猫背気味で顎が前に出ていたり、肩に力が入っていたり、呼吸が浅く、目を合わせてもそらしたり、甲高い声を出したり、表情に変化がみられず、目の周りや口周りがこわばっている……そんな状態は、子どもの安心や安全を脅かす環境が存在することを教えてくれます。

　安心や安全を損なわせ、緊張や警戒感を高める環境要因としては、親が怒鳴り合いのけんかをしていたことや、今朝家を出るときに兄から殴られたことといった「今」ではない

 第１部　理論編

出来事も含まれます。これは「今」観察できるものではありません。一方で、その日の気温や湿度、部屋の明るさや色、においや音、手の感触や服の感触といったものは、観察者が気づくことができます。子どもの中には感覚が過敏な子もいて、こうした環境により安心や安全を奪われ「ありのまま」が脅かされていることがあるということに気づいておく必要があります（コラム3参照）。

　目の前にある「木」だけを観察するのではなく、「木」が存在している「森」、すなわち環境へのまなざしを通した理解が「木」への理解をより深めていきます。観察対象だけでなく、その対象を取り囲む環境、すなわち「木」と「森」の両方を意識した「観察マインド」が重要になります。

④みえていないものがあることを意識する「観察マインド」

　観察場面のすべてを観察できるものではありません。選択的注意（selective attention）というのをご存じですか。人は五感を使って情報を取得しますが、その情報量は無限に近く、すべてを処理することはできないのです。私たちの脳は、ある情報を無視することができることで、特定の情報により注意をむけることができるようになっています。

　YouTubeの動画でSelective attention testがアップされていて、白いシャツを着ているチームのボールパスの数を集中して数えたことがある人は、「みているのにみていない」という体験に驚いたことがあるでしょう。どんなに真剣に集中してみようとしても、見落とすものがあります。逆にある部分に集中することで他のところがみえなくなることもあります。そんな不完全な観察で、果たして適切な理解や支援を導けるのかと疑問に思われるかもしれません。しかし、不完全であることは、理解や支援の妨害になるわけではありません。大切なのは、みれていないことがあるということを理解すること、つまり、観察から導き出された理解は、決して完全なものではないという「観察マインド」も必要です。私たちは目の前の要支援者を支援するうえで、「理解」ということが土台になると思っています。これは間違いではありません。ですが、すべて「理解」することは不可能です。それよりも「理解できていない」ことがあるということを知っていることが支援の土台になります。

　「すべてわかるわけではない」、「みえていないものが存在する」ということを意識することで、自分や他の支援者との対話が生まれます。それによって、仮説を修正したり、取捨選択したりといったプロセスも生まれていきます。

共感的理解
【Empathic understanding】

　PCAで共感的理解というのは、クライエントが成長（治療的人格変化）するための必要十分条件の5つめの条件として「セラピストがクライエントの内的照合枠を共感的に理解していて、それをクライエントに伝えようと努めていること」と紹介されています。これだけでなく、6つめの条件、「セラピストの共感的理解と無条件の積極的関心が、クライエントに最低限伝わっていること」というものが合わさって支援につながっていきます。

　内的照合枠の理解というのは、「あの人は若いからこう感じているだろう」とか、「こういう経験をした人というのは、こう考えるだろう」という理解、いわば外側からの理解とは異なります。セラピストは、クライエントが生きている世界に入らせてもらい、クライエントのまなざしから、体験している世界を眺め、あたかもクライエントのごとくその世界を敏感に味わっていきます。

　ここで「あたかも」という観点が重要になります。ですから、自分も同じ体験をしたことがあって、その記憶を頼りに進める理解は、「共感的理解」ではありません。クライエントとセラピストは別の存在であるという事実を見失ってはなりません。

　ロジャースは、晩年になって「共感的理解」はプロセスであると述べています。「理解できた」という状態というよりも、理解しようとして、理解できていないことにも敏感になりながら、耳を傾け続けるプロセスというわけです。プロセスには支援関係における対話が存在します。たとえば、以下のようにです。

セラピスト：「今、感じられているのは、情けないという気持ちでしょうか」
クライエント：「ん……わからない、ちょっとちがうかな」
セラピスト：「間違えたくないという気持ちも感じてくるんですが」
クライエント：「ああ、それは……近いかな、それはあるかもしれない」
セラピスト：「うん、そんな感じのほうが近い……」

　「分かる」とは「分かつ」という字が使われますが、理解というのはそうきれいに「分かつ」ことができるものばかりではありません。共感的理解は、信頼できる関わりのプロセスの中で、少しずつ確認し合っていくことだといえま

す。セラピストが「クライエントの体験に敏感になり、理解できているか共有しようと努めること」によって、クライエントにたとえずかであれ理解の共有が伝わっているという体験が「共感的理解」のプロセスということになります。

　観察においても、聴覚的に言葉を受け取ることでの言語的理解や、外側からみることによる客観的な理解に加えて、五感を使って、クライエントの世界を敏感に理解していくプロセスが展開します。観察者は、子どもがみている世界を、時には子どもと同じ高さの視線から体験し、子どもが向ける視線を共有して、今、ここでの世界を「あたかも」子どもであるがごとくに体験して理解を深めていきます。

　問題は、傾聴と違って、観察による共感的理解をどのように相手に伝えられるかということです。乳幼児観察では、子どもに対して積極的に話しかけることはしないようですが、観察によって生まれた共感的理解のプロセスを、言語的、非言語的に伝え合うことはあります。非言語的にというのは、観察者の表情はもちろんのこと同じような動作をしてみたり、子どもがしてきたことを、同じようにして返したり、遊びのストーリーに同調しながら加わったり、ということです。こうしたことは、相手との間に心理的、情緒的接触を創り出します。ロジャースは、セラピストが感じている体験にひそむ意味を共有することで、クライエントとの関係に「橋をかける」ことができるともいっています (Rogers, 1966)。

第 2 章
乳幼児の観察

　この章では、精神分析的な観察法のひとつである乳幼児観察とその応用について簡単に解説したいと思います。

1　乳児期の非言語的コミュニケーション

M先生：巡回相談で、幼稚園に行ったときに、「先生、何なめてるの?」「あたしにもほしい」って園児に言われて驚いたことがあったの。なめていたのではなくて、親知らずが痛くて無意識に舌で触ってたんでしょうね。

Nくん：こっちがみているつもりでも、こっちがみられているって気づかされることってありますね。僕も保育園で観察しているときに、子どもたちから「誰のパパ?」「誰迎えに来たの?」「いつ仕事に行っているの?」と言われることが多々あります（笑）。相互作用が前提の観察においては、「みること」と「みられること」という交流は当たり前に産まれていて、この交流が子どもと観察者である自分に、いろんな影響を与えるんです。

　人と人との交流において、「みること」と「みられること」という、言葉にすべて置き換えることができないこころの交流が生じています。こころの交流を通じて、人は、こころの発達・成長を体験します。また、こころの交流が対人関係のパターン形成に影響を与えます。

　他者を「みること」と他者から「みられること」の交流は、私たちがこの世に誕生したときから始まっています。乳児期の関係発達に関する 2 つの研究をご紹介しましょう。

「スティルフェイス」(Tronick, 2007)

母子を実験室の中に招き入れ、最初、いつものように交流することを伝えます。その後、最大で2分間、母親は乳児の働きかけに一切応答せず、無表情でその場にいます。乳児は当初、先ほどと同じような交流が再開されるのを期待して、母親に対していろいろな手段で働きかけます。しかし、どんな働きかけに対しても応答しない母親に対して、戸惑いや混乱を感じ、最終的に乳児が泣き出したところで、実験終了となります。

「社会的参照」(Campos & Sternberg, 1981)

視覚的断崖装置と呼ばれるテーブルのような高さのある台の上に乳児を乗せます。この台の手前は普通の床面であるのに対し、台の向こう側半分は透明なガラス面になっています。ガラス面の床におもちゃを置いて、乳児の行動を観察します。そのとき、乳児はどうすればよいのかをうかがうように、ガラス面の向こう側に立っている母親の顔をみます。

母親が恐怖の表情を浮かべた場合、乳児はガラス面を渡ることなく、その場に留まります。一方、母親が楽しそうな表情を浮かべた場合、乳児はガラス面を渡ります。乳児はどのように行動すればいいかわからないとき、養育者の表情をみて判断していることがうかがわれます。

この2つの実験からわかることは次の通りです。

乳児は、(1)言葉を話さず、理解していなくても、養育者の表情をキャッチして、非言語的メッセージによる交流を行っていること、(2)生きていくうえで、興味・関心を向け、状況に適切な非言語的メッセージを提供してくれる他者の存在が重要であることです。

2　精神分析的セラピストのトレーニングとしての乳幼児観察

M先生：ここで、Nくんに精神分析的な観察法のひとつであるタビストック方式乳幼児観察（以下、乳幼児観察）について説明をしてもらいましょう。Nくんも、あるご家庭を訪問して赤ちゃんを観察しているって言ってましたね。支援者のトレーニングとしても意義があるとうかがっていますが……。

Nくん：はい、ちょうど2歳前の赤ちゃんの観察を終えたばかりです（執筆時点）。赤ちゃんは、言葉を話さないけれど、観察している側にいろいろな思いを抱かせてくれます。そこで、いろんなことが経験できるんです。

乳幼児観察とは？

ヨーロッパでは、乳幼児観察がセラピストおよび精神分析家のトレーニングとして盛んに行われています。日本では、東京、大阪、京都、名古屋、岐阜といったように、主に都市圏で行われています。乳幼児観察の概要を一緒にみていきましょう。

> **観察対象**：一般家庭で生活している赤ちゃん（生後1か月から2歳になるまで）とお母さんをはじめとした家族（お父さんやきょうだい、おじいちゃん、おばあちゃん、ペットなど）との日常的なやりとりになります。
> **観察頻度・時間**：基本的に週1回家庭に訪問し、1時間観察します。
> **乳幼児観察の一連の流れ**：「週1回の観察」→「週1回のセミナーグループでのディスカッション」→「次の観察」という「観察」と「セミナーグループでのディスカッション」の循環を体験します。これを一人の赤ちゃんが生後1か月から2歳になるまでの期間、継続します。

精神分析実践において、なぜ乳幼児を観察することが大事なのか？

乳幼児観察の説明に入る前に、ここでは、なぜ乳幼児観察が重要となるのかを解説してみたいと思います。精神分析（的心理療法）では、主に「言葉」によるやりとりを通して、クライエントの自己理解を促します。しかし、言語的情報は、クライアントの切り取られ

たものの一部にすぎず、それだけではクライエントを十分に理解することにはなりません。

乳幼児観察では、言葉で説明することができない乳幼児の体験を理解する際に、言語的情報だけでなく、非言語的情報も捉えることができます。ですから、「言語」だけに頼らず、非言語的メッセージに意識を向け、「ああでもない、こうでもない」と思い巡らせていきます。当然、「わからない」ことがたくさん出てきます。これがとても大切な体験です。つまり、観察されたものの意味は、すぐにはわからないことが多いのです。どういうことなんだろう、なんでこうしたんだろう、いろいろな仮説（可能性）を想定しながらも、「すぐにわからない」という状態でいること、これが精神分析を実践するセラピストに必要な「曖昧さへの耐性」を育むことになります。

精神分析家のビオンは、小説家のモーリス・ブランショの「答えは好奇心を殺す」という言葉や、詩人のジョン・キーツの「ネガティブ・ケイパビリティ」という言葉を用いながら、コロナ禍のような即座に好転することがなく、見通しのもてない不確かで曖昧な状況をクライエントと一緒に耐え忍ぶことが重要である、と述べています。そして、「記憶なく、欲望なく、理解なく」（Bion, 1970）というセラピストに必要な態度が精神分析実践の進展に必要である、と強調しています。すなわち、目の前のクライエントに対して既存の知識や理論を当てはめ理解しようとすることや、セラピストが「クライエントをよくしたい、わかりたい」という欲望に囚われていることに意識を向ける必要がある、ということです。

ここで重要なのは、「クライエントをよくしたい、わかりたい」というセラピストの欲望を放棄することではなく、「クライエントのことをすべてわかった気でいないか、自分の仮説が正しいと思い込んでいないか」ということに意識が向けられるよう心がけるということになります。もう少しかみ砕いてみると、セラピストは、クライエントのことを「わかったふり、理解したつもり」に陥っていないかに注意を向け、「まだ明らかになっていない、クライエントについてわからない・知らない部分があること」を想定し、それらがテーマとして浮上してくるのを待つことが求められます。

このような不確かな局面をクライエントと一緒に耐え忍ぶことを経て、クライエントを理解する新たな視点・発見がセラピストやクライエントのこころの中に自然と浮かび上がり、それらを共有し話し合うことが精神分析実践の治療効果として重要な意味をもたらします。この態度を保持するには、「観察マインド」という未知のものに開かれ、それらを考え続けるこころの態度が重要になります。

乳幼児観察の特徴とトレーニングの意義

　この観察法の特徴として、(1) 生後すぐの赤ちゃんを観察すること、および (2) 観察者は観察中に記録やメモを取らないことが挙げられます。

　生後すぐの赤ちゃんと家族の関係を観察する理由は、赤ちゃんをみることで観察者に喚起される気持ちを赤ちゃんから送られてきた強烈な非言語的メッセージとして理解することに意義があるからです。生後すぐの赤ちゃんからは、言葉として表現される前の感覚や情緒などの非言語的メッセージが送られてきます。おのずから、ここでは観察している者との間に非言語的なコミュニケーションが生まれます。こうしたコミュニケーションの中では、精神分析でいう「逆転移」(p.35 参照) が生じます。つまり、観察する人自身の過去の人間関係の中で体験した気持ちや思いが想起され、そうした自分の内面に触れられるようになります。それだけではありません。人間の心身の成長が発達早期の段階で他者との関係性の中で成長していくのを目のあたりに観察することで、人のこころの形成・成長過程について実感をもって理解できるようになります。

　このような理由から、観察中、観察者は記録やメモを取らず、その場で起きていることについて生き生きと興味・関心を示すこと、それによって観察者のこころにどんな気持ちや考えが湧き上がってくるのかも観察することが求められます。

セミナーグループについて

　観察と並行して、他の家庭を観察している観察者とセミナーリーダーが集まる週1回の少人数のセミナーグループに参加します。セミナーグループでは具体的な解決策を検討するのではなく、観察中に何が起きているのかを自由に話し合います。セミナーグループの目的と意義は、第3章の3節で解説します。

3　乳幼児観察の応用

　ヨーロッパでは、乳幼児観察はセラピストだけでなく、保育士や教師、ソーシャルワーカーなどの対人援助職のトレーニングとしても展開しています。そのひとつとして、「ワーク・ディスカッション」(Rustin & Bradley, 2008) が挙げられます。ワーク・ディスカッションの方法は、乳幼児観察と同じですが、観察対象は職場における他者（同僚や要支援者など）と自分との関係についての一場面であり、観察時間と頻度は固定されていません。

他にも、心身に疾患を抱えた赤ちゃんや被虐待児などハイリスク家庭に対するアウトリーチ（要支援者からの援助要請に対して、来談を待つのではなく、支援者側が訪問する介入）として「治療的観察」（Houzel, 1999）や、養育困難な家庭への支援として、日常生活の中で養育者が使用できる「Watch Me Play!」（Wakelyn, 2019）も開発されています。

　このように「乳幼児観察」は、トレーニングだけでなく、様々な領域や現場における心理的支援として「応用」されつつありますが、異なる点もいくつか挙げられます。トレーニングとしての「乳幼児観察」と臨床的介入の「治療的観察」の違いとして、ウェイクリン（Wakelyn, 2019）は、「治療的観察は、トレーニングとしての観察がもつ自由で探索的な特性はそのままもちながらも、特定の懸念や問題を検討するために行う計画的介入」と述べています。同様の見解として、上田（2021）は、「臨床現場で乳幼児観察を用いる場合、様々な要素を足しながらも、最終的には引き算で見とっていくプロセス」と述べています。すなわち、乳幼児観察を臨床現場で用いる場合、観察者は、「その場で起きていることをあるがままに観察しつつも、主訴や問題等に関連した観察のポイントに焦点を定め、観察のポイントをその都度、絞ったり広げたりする照準倍率の調整」を行う必要があります。

　乳幼児観察は、調査研究の手法のひとつとしても用いられています。観察場面は保育所、高齢者施設、学校などの多くの現場で展開されています（Elfer, 2012; Datler et al., 2009 など）。我が国においては、心理職が教育現場（Kanazawa et al., 2009；藤森, 2016）や保育・幼児教育現場（上田, 2019, 2022；上田・森, 2019；森, 2022；西野, 2022, 2023）の心理的支援として活用しています。

4　4つのW

　ここまで解説したように、乳幼児観察は、「観察→記録→対話→次の観察」という一連の流れで構成されています。本書では、この一連の流れである「観察・記録・対話」を解説し、それを簡易的に体験できることを目的としています。「観察・記録・対話」は、4つのW（村田, 2020）と表すことができます。これらは、乳幼児観察を構成する要素であり、子どもを支援していくときに重要な視点となります。以下、それぞれを簡単に解説します。

Watch（みる）

　ここまで述べてきたように、まずは"Watch"することになります。微細にみていくことでもありますが、何よりも観察対象の子どもたちがしていることに「興味・関心のまなざし」（コラム6参照）を向けることが重要となります。そして、観察者がまなざしを向けることによる子どもたちの反応もみることになります。すなわち、観察者が目を向けることに対して、子どもたちがうれしく感じているのか、それとも警戒していると感じているのかもみていく必要があります。その反応を受けて、子どもとの「程よい距離感」を保てるように、観察者はまなざしの強度を調整します。

　たとえば、子どもが笑みを浮かべ抱っこを求めるかのように接近してくる場合、観察者も子どものことが可愛いと感じつつも、「なんでこんなにもうれしそうにしているんだろう？」という俯瞰的な視点も忘れないようにすることであったり、警戒している場合、観察者は、「これ以上、目を向けるとただ脅威になるだけだな」と、灯台の光のように集団全体を眺めるような視点に切り替えたりすることが挙げられます。このように、子どもをみる中で生じる子どもの様々な反応や観察者のこころに喚起される情緒や思考もみていきます。

Wait（立ち止まる）

　観察を通して、観察者は、子どもに関する情報を受け取っていきます。そして、受け取った情報から「この子は多動だ」や「他児とトラブルになることが多い」など、何かしらの指標を用いて分類してしまいがちです。しかし、乳幼児観察ではこのように子どもの発達や成長について、分類したり評価したりすることを重視しているわけではありません。仮に、観察者が、「この子は多動だ」や「他児とトラブルになることが多い」と感じた場合、その判断を"Wait"し、「なぜ、そのように感じてしまっているのだろう？」と観察者自身が感じたことや考えたことを深めることが重要になります。というのも、観察者がみている子どもの姿は、日常生活から切り取られた一側面でしかありません。つまり、「みていない・知らない・わからない」子どもの側面のほうが多いということです。そのため、性急に評価したくなったり、判断したくなったりしたときというのは、「果たして本当にそうなんだろうか……」と、断定的な見方をしているのではないか、と立ち止まり、もう一度、"Watch"に戻る必要があります。

　乳幼児観察を支援に用いるとき、観察者は、"Watch"と"Wait"を繰り返しながら、子どものこころの世界に興味・関心を示し続けています。もし立ち止まることができない

 第1部　理論編

場合、観察者は、「自分がみたものがすべて正しく、そこから考えた自分の仮説が真実を表している」と、子どものことを「わかったふり・理解したつもり」の万能的な状態に陥ってしまい、観察を通して子どもを支援することができなくなってしまいます。

Wonder（思い巡らせる）

"Watch"と"Wait"を繰り返す中で、観察者は、「この子は多動だ」や「他児とトラブルになることが多い」などの表層的にみえてきたものとは違う水準の子どもの姿がみえるようになります。たとえば、「この子は多動だ」と理解しても、「実はこの子、没頭できる遊びがないんじゃないか……つまらなさや退屈さを感じないようにするためにウロウロと動き回っているんじゃないのかな」と変化したり、「他児とトラブルになることが多い」と理解しても、一連の経過をみていく中で、「あーなんかみていて、この子は自分の伝えたいことや考えていることを言葉にできず、それで不満が募りに募ると手が出てしまうんじゃないかな」と行動の背景にある子どもの情緒や思考を想像したりすることができたりします。このように観察者のこころの中で子どもに対する理解が変わっていくと、観察者のまなざしや表情、態度にも変化がみられます。子どもが、その変化を受け取ることで、観察者と子どもの関係性にも変化がみられます。

Word（言葉にする）

これまでの3つのW（Watch, Wait, Wonder）は、主に「観察」の中で機能するものになります。一方で、"Word"は、「記録」や「対話」の中で機能する要素となります。

観察の一連の経過について、観察者は、3つのWを駆使して、子どもへの理解を深めていくことになりますが、それを"Word"にしていくことが重要になります。具体的には、観察者が感じたことや考えたことを観察記録として書いたり、支援者（保育者や教員など）と話し合ったりすることが挙げられます。

ただ、"Word"にしていく際に重要なことは、結果として辿り着いた"Wonder"だけを言葉にするのではなく、"Watch"と"Wait"も含む一連の経過を言葉にしていくということになります。特に、「記録」を書くときは、観察中の一連の出来事という客観的な情報を形として残しておくだけでなく、「この観察の中で、自分はどのように子どものことをみて、立ち止まり、思い巡らせていたのか」と観察プロセスの中で生じた自身の主観的な認識から少し距離を置けるようになります。文章として書きおこしていく中で、「あれ？ この場面とこの場面の間に何かあったんだけどな……思い出せないな」と忘れてし

まっていることを再確認したり、記録を書いていると、「うーん……なんでこのときはこう思ったんだろう……いまは違う捉え方だな」と、別の視点から捉えなおしたりすることがあります。このように、観察者は「記録」を書くことで、「観察をしているときの自分」と「記録を書いているときの自分」で「対話」をしています。どちらが正しいというわけではなく、いろいろな角度から考えられるようになることが重要になります。

そして、子どもの支援に生かすときは、支援者との話し合いが必要不可欠になります。"Wait"で記したように、観察者がみた子どもの姿とは、子どもの一側面にすぎません。ですので、観察者は子どもについてわからないことが多々あります。他にも、"Wonder"に至った観察者の子ども理解と、普段接している支援者の子ども理解に齟齬がみられることもあります。このとき、「どちらが子どものことをより理解しているか」と二律背反的に考えるのではなく、「同じ場面をみていても、全然捉え方が違うな……どうしてそう捉えたんだろう」と、他者の感じ方や考え方を理解できるように興味・関心を示すことで、父親と母親のように違う役割を担いながらも、子どものことを一緒に考えることができる協働的な関係が構築されます。

発達障害を抱える子どもがいる環境へのまなざし
【Macro perspective on children with autistic spectrum】

　発達障害児といわれる子どもたちは、一人ひとり違います。同じ診断名をつけられていても、きわめて多様な姿をしています。また、彼らの多くは内的な体験を言葉で表現するのが苦手です。ですから、こうした子どもたちを理解するには、観察ということがとても重要になります。また、その際、観察の対象を子ども個人だけにとどめず、彼らが今、生きている環境が、彼らのありかたに深く関わっていることをいっそう意識する必要があります。

　その環境への理解には、観察者の五感を使います。というのも、彼らの中には、特定の色、特定の形、特定の音、特定の温度、特定のにおい、特定の感触……といった特定の感覚刺激が、健康状態や自己調整力、記憶力といったものを左右することがしばしばあるからです。部屋の灯りが蛍光灯だと集中力がなくなる子どもがいます。水が噴き出す光景や唾を呑み込む音で興奮する子どもがいます。回転をし続けるものをみるだけで呼吸が深くなりリラックスできる

子どももいます。そして、感覚刺激によって生じる不快や不安、緊張という反応は、彼らの姿勢、たとえば、顎が前に突き出る、肩が上がる、手の指がそる、目元や口元がこわばる、呼吸が浅くなる、目の焦点が安定しない、といった状態で観察できます。

　発達障害の子どもに影響を及ぼす環境というのは、その子が今いる場所や人間関係といった狭いものだけではありません。地球レベル、もしかしたら宇宙レベルの自然界の状況も彼らの心身の状態を左右します。ある作業所の支援者が言いました。「先生、裂き織りってご存じですか。ここではメンバー（自閉症の中でも言葉でのコミュニケーションがむずかしい重度の人たち）が好きなように機織りで裂き織りをしていますが、ほら、この色みてください」。みると、水色や黄緑色で明るく続いていた織物が、途中からきれいにグレーや茶色といった暗い色に変化しています。「今、大きな台風がきているでしょ。だからです」。そのとき、台風は沖縄のあたりに小さく誕生しただけで、私たちがいる東北の地は何もなかったかのように晴天が広がっていました。支援者が説明するには、台風が発生したという報道がなされる直前から色の変化が起こり始めたといいます。「超能力者みたいでしょ！」と支援者。私たちにはみえたり、感じたりできなくなった自然からのメッセージを、彼らはキャッチできるのでしょうか。『自閉症の僕が跳びはねる理由』などの著作を出している東田直樹氏は、自閉症の人は定型発達の人たちが失ってしまった原始的感覚を保持しているのかもしれないと語っています。台風だけでなく、大地震の前に不安定になる人もいました。ある養育者は、「うちの子は、決まって満月の夜はかんしゃくを起こします」と教えてくれたことがあります。

　発達障害を抱える子どもや大人の観察において、彼らの自然と深くつながり合う力を無視してはいけないことに気づかされます。観察を通して彼らを理解し支援するには、観察する場や部屋を超えて、日本列島で、地球で、そして宇宙で何が起きているかが、目の前の彼らに何か影響を与えていないだろうか……といったまなざしを意識しておきたいものです。また、そんな彼らを日ごろ観察している養育者や支援者たちとの対話も不可欠となります。

第3章
乳幼児観察における「観察」「記録」「対話」の一連のプロセス

　この章では、乳幼児観察における「観察」「記録」「対話」という一連のプロセスにおける観察者の体験を解説します。

1　観　察

M先生：乳幼児観察は、観察者が赤ちゃんや家族を「みること」だけじゃなくて、赤ちゃんや家族に「みられること」にも目を向けることが重要ということでしたよね。

Nくん：そうですね。もちろん、赤ちゃんをみていて「可愛いな」という気持ちも湧き上がってくるんですが、それ以外にも「ドキッとするな」とか「みているのかみられているのかわからないけど、不思議そうにみている赤ちゃんの瞳に吸い込まれてしまいそう」なくらい魅了されているな、よくわからないけど不安だなとか、そういう気持ちや考えもみていきます。

M先生：そういうふうに観察者が体験することをどう理解していったらいいの？　Nくんの専門である精神分析の概念についても、ここで教えてくれますか？

Nくん：観察者の気持ちや考え、これは「逆転移」と呼ばれるものになります。この「逆転移」を吟味するのに必要な視点が、「投影同一化」と呼ばれるものになります。少し複雑な考え方なので、詳しく解説します。

①逆転移と投影同一化

　精神分析の創始者であるフロイト（Freud, 1910）は、「逆転移」（セラピストがクライエントに対して抱く感情や思考であり、セラピストの過去の体験によって形成されたもの）を精神分析的治療の妨げになり、排除されるべきものと述べていました。理由として、逆転移は、セラピストや観察者の個人的体験によって形成され喚起されたものであるため、セラピストの「個人分析」（セラピストが精神分析を受けること）で完了していないからである、と考えられていたのです。しかし時代を重ねるにつれ、精神分析の学派は、「逆転移」を排除するべきものではなく、むしろクライエントを理解するのに有効であると考えるようになってきました。中でも、クライン派−現代クライン派を含む対象関係論は、フロイトが言及した「逆転移」とは異なる、クライエントによって持ち込まれたものにセラピストが反応した側面として、「投影同一化」に着目してきました。

　「投影同一化」とは、被観察者のこころの中で抱えることができない情緒を観察者のこころの中に投げ込み（投影）、観察者自身のこころの中で喚起され、その情緒を感じ考える（同一化）こととされています。この説明だけではわかりにくいので、泣いている赤ちゃんとあやそうとする養育者を想定してみましょう。

　たとえば、泣いている赤ちゃんは、全身を使って「なんだかよくわからないけど、すごく気持ち悪い」ということを発信しています。当然、赤ちゃんはしゃべることができないため、何が気持ち悪いのかを言葉で伝えることができません。ひょっとしたら、赤ちゃんは、生命の危機と感じるほどの体験をしているのかもしれません。

　一方で、泣いている赤ちゃんを前に養育者は、こころの中でいろいろな気持ちが湧き上がってきます。たとえば、「なんで泣いているんだろう」「ひょっとしたら、お腹が空いたのかな……」などと思い巡らせます。そして、その考えに沿って、「そうかそうか、お腹空いたね」とあやしながら、ミルクをあげる等の行動をとります。このような日常的にみられる赤ちゃんと養育者のやりとりは「投影同一化」の健康的な側面といえます。ビオン（Bion, 1962）は、この母子のやりとりを「コンテイナー／コンテインドモデル」と呼んでいます。「コンテイナー」とは、「赤ちゃんのことを考えようとする養育者のこころの器」を指し、「コンテインド」とは、「赤ちゃんが抱えることができない不快な感覚体験」を指します。こういったやりとりを日々の生活で繰り返していくことで、赤ちゃんは生命の危機と感じられるような不快な体験を「お腹が空くってこういうことか」と感覚的に意味づけられ、ミルクを飲むことで身体的・心理的に安心し、そうした体験が、外的世界や養育者との関係に信頼感を育てていきます。他にも、赤ちゃんが自身の体験を考える能力の成

長につながり、やがて言葉を介したコミュニケーションの獲得へとつながっていくと理解されています。

観察における客観性と主観性
【Objectivity and subjectivity in psychological observations】

　私たち人間が観察するにあたって、完全に主観性をとりはらって客観的に観察することは不可能といっていいでしょう。

　別の言い方をすると、私たちが認識する客観性というものは、完全に客観的なものではなく、私たちの主観を通した、いわば主観的な客観性なのです。また、私たちが体験している主観性というものも、客観的な何かによって生まれてくるという点で、客観的なものと切り離せないのです。

　心理学研究法において、その信頼性を保証することは重要で、そのために観察者間の一致率というものが算出されます。観察の精度を高める工夫として、研究においては観察する対象を限定したり、観察の記録を客観的にチェックできたりする行動目録や評定基準を具体的に策定しておくという手続きが行われます。ですが、人間が人間を理解していくという心理臨床の世界や、発達臨床心理学的な事例研究においては、観察者の主観性というものは対象理解において特別な役割を果たします。むしろ積極的に目を向けて、観察者の主観的体験との対話を通した記録を生かすことに意味を見出そうとします。観察者の主観性は、観察対象の個別性への理解だけでなく、関係や環境の中で生じる行動への心理臨床的普遍性の発見にも近づけるヒントを与えてくれることがあります。

　勝手な思い込みや歪んだ解釈が避けられないのであれば、それをどのように考慮していくのか？という疑問をもつ人もいるかもしれません。

　観察者自身が自分と行う対話の中でこうしたことを自問自答してみることがあります。私が観察したものは何だったのだろう？　私はどうしてこう感じたんだろう？……客観性を切り離した主観性も、主観性を切り離した客観性もありません。正答は被観察者に聞いてみない限りわかりません。いえ、聞いてもわからないかもしれません。自分と対話の上に、観察者が支援の現場にいる他の支援者たちや関係者たちと対話を重ねる中で、観察者の主観性は、対象ならびに対象との関係にひそむ意味のある情報へと徐々に変容していくことがあるのです。まるで、自分との対話、他者との対話のプロセスは、観察者の主観性を支援力に変える錬金術のようです。

②間主観性

　乳幼児観察のような主観性を用いる観察は、少なからず観察者の先入観や思い込みというものも含まれており、これらを完全に排除することはできません（コラム4参照）。ですが、主観的な観察の意義とは、「投影同一化」という観点のように観察対象となる子どものこころ（感じていることや考えていること）を理解しようと試みることにあります。

　精神分析家のメルツァー（Meltzer, 1983）は、自然科学の測定とは、測定されるものと同型のものを用いる原則（例　長さを測るにはものさしやメジャーを使用）があるのならば、こころの測定にこころを用いるのは理にかなっている、と言及しています（コラム5参照）。つまり、対象者のこころを理解するには、観察者のこころを用いる（逆転移の探索）のが最適であるといえます。ここでの観察者の主観性とは、観察対象となる赤ちゃんとその家族との関係で生じる主観性、「間主観性」と呼ばれるものによって作られます。つまり、観察者の観察は、観察対象の赤ちゃんやその家族の主観性の影響を受け、記憶・記録されます。並行して、観察中の赤ちゃんやその家族の言動は、観察者が"主観的にみること"の影響を受けています。

　ここまで観察者の主観性を用いることが重要であると言及してきましたが、観察者の先入観や思い込みなどをそのまますべて受け止めることと、観察者の主観性を「恣意的」に濫用することは大きく異なります。観察者の先入観や思い込みのみで構成された「恣意的な見方」は、観察者の個人的要因（過去の体験や価値観など）だけで構成されているため、本質的には観察対象を「みていない」ということになります。

　「間主観性」を説明するため、西野が保育園で実施した観察記録を例にみてみましょう（個人が特定されないように内容の改変・加工をしています）。

【前半の観察記録】（観察者は自身のことを「私」と表記）

　　　2歳児クラスの男児ケイスケくん。ケイスケくんは、発語がみられず1歳半健診で発達の遅れが指摘され、療育機関に通所している。ケイスケくんは、有意味語をしゃべっている様子がみられず、部屋の中を走り回ったり、壁や机の上に登ったりすることが多い。それらの行動を保育者に止められると、ひっくり返って手足をバタバタと暴れさせ、怒ることが多々ある。こういった姿に担任保育者は手を焼いていた。
　　　クラスに入ると、ケイスケくんが早速私をみつけ、近づいてくる。私は、壁にもたれかかるように座り、あぐらをかいてケイスケくんの様子をみていた。ケイスケくんは、私の膝の上に座ったり、私のふくらはぎの上を歩いたりして、壁に貼られている工作物に手を伸ばしたりしている。私は、「いてて」と言いつつも、ケイスケくんを下ろすこ

となくそのまま静観している。ケイスケくんは、「んー」と言い、壁に貼られている折り紙で作られた花火を指す。私は、「これ花火だねー」と同じものを指して言う。その様子をみて、担任の先生は「すごい、くつろいでいる」と笑っている。私は、「可愛いなー」とケイスケくんが自由にすることを許容する一方で、「この子何やっているんだろう」と疑問に思っていた。ケイスケくんと目が合うと、ニヤーと笑みを浮かべるため、私も笑顔を浮かべ応答する。2人とも笑みを浮かべているが、何に対して笑っているのかというのは定かではない。一方が笑みを浮かべると、他方も同じように笑みを浮かべ返すということを繰り返している。

　前半の観察記録をみると、観察者は、ケイスケくんの行動を模倣し合わせることで、ケイスケくんの様子を把握（楽しそうにしている、観察者のことを好意的に受け止めている等）していることがわかります。ただ、ケイスケくんの主観性（この子何やっているんだろうといったケイスケくんの考えや気持ち）を十分に理解できていません。
　続く、後半の観察記録で関係性に大きな変化がみられます。

【後半の観察記録】

　　それから、ケイスケくんは、私の腹部に頭を置き、ダランと横になる。続けて、着ていたTシャツをめくりお腹を出す。このとき、ケイスケくんは自分の手を私の手と重ね、私の手を自分のお腹に置こうとする。私は、ケイスケくんの体温や皮膚の感触を感じていた。その後、「風邪ひくよ」と言い、Tシャツを戻す。ケイスケくんは再び、Tシャツをめくり、私の手をお腹の上に置く。私は「触って欲しいのかな」と思いながら、おへそ付近をこちょこちょとくすぐる。すると、ケイスケくんはくすぐったそうに、「キャハハ」と声を出し、体を左右にねじる。2、3回くすぐると、ケイスケくんは、私と向かい合うように立ち上がる。私は、先ほどくすぐったように右手の第1関節と第2関節を細かく早く動かす。すると、ケイスケくんは私からくすぐられているかのように体をねじり、「キャハハ」と声を出す。その様子をみて私は、「くすぐったいだろうな……でも、くすぐってほしいだろうし、くすぐってもらえる楽しさも感じているのかな」という印象を受けた。ケイスケくんは、少し後ろに下がりながらも、私と向かい合っている。ケイスケくんをみると、私がくすぐる動きをするのを今か今かと待っている様子。私は、ケイスケくんの期待を感じ取り、フローリングの上に置いた右手の第1関節と第2関節を細かく早く動かす。それをみて、ケイスケくんは、「キャハハ」とうれしそうに体を左右にねじりながら、部屋の中を走り回っていた。このとき、私は、ケイスケくんとの間でくすぐる遊びが共有（私が指を動かすことで、ケイスケくんはくすぐられているかのように体を左右にねじり、楽しそうにする）されていると感じ、お互いの意図が通じ合っている感覚を抱いた。

後半の観察記録をみると、観察者とケイスケくんとの間でくすぐる遊びが共有されていきます。それに伴い、観察者は、「くすぐったいだろうな……でも、くすぐってほしいだろうし、くすぐってもらえる楽しさも感じているのかな」「私がくすぐる動きをするのを今か今かと待っている様子」とケイスケくんの考えや気持ちを想像できるようになっています。ケイスケくんも観察者の考えや気持ち（くすぐられる期待を向けることで、観察者がくすぐるように右手の第1関節と第2関節を細かく早く動かす）を理解しています。すなわち、観察者とケイスケくんは互いの言動を予測しながら、その予測通りにコミュニケーションを行い交流する、といった関係性の変化が生じていることがうかがえます。

　観察者は、子どものこころへと徐々に接近していきますが、観察を重ねるにつれ、観察中に考えたり感じたりしたものが、子どもとの間で生じた間主観的なものなのか、それとも個人的要因が多く占めるものなのかがわからなくなります。この判断を手助けしてくれるのが、臨床経験豊富なセミナーリーダーのもと集まったセミナーグループ（本章3節を参照）になります。

自分のこころで誰かのこころを体験する
【Holding mind in mind】

　生後数か月の赤ちゃんが、もちあげた足先を両手でつかんで、ひっぱってみたり、ゆらしてみたりして、ときどき喉から声をあげて笑います。そばにいた養育者は「うんうん、うれち〜ね。あんよを見つけてうれち〜ね」なんて声をかけます。もちろん、赤ちゃんは「私の足、発見。うれしいな」などと言うわけではありません。

　我が家にはしっぽ族（雑種猫二匹）が同居しています。年をとって、テーブルに上るのがへたになっています。ある時、床からジャンプをしようとして踏み外し、思いきりこけたのですが、何事もないような顔して去っていく年上猫をみながら、「やばっ、かっこワリィ!!」とつぶやきます。もちろん、もう20年近く人間と生きていても猫がしゃべるわけではありません（「いちいちこころを読むな」という表情をされました。これは心理臨床家の家にくらす猫たちのあるあるでしょう）。

　私たちはこんなふうに、自分とは異なる他者や存在のこころを想像して体験します。「うれしい」「はずかしい」などと気持ちが言語的に伝えられなくても、

表情や態度、あるいはまた、状況というものを「外側」からみて、対象の気持ちや思いといった「内側」の体験を感じとろうとするのです。もちろん、正しいかどうかわかりません。まったく勘違いの解釈をしていることもあるかもしれません。でも、対象のこころに、自分のこころで近づき、感じ取ろうとすることから、他者とのこころの交流が育まれるといわれます。こうしたことを、Holding another's mind in mind と呼んだりします（Hartman, 2018）。

このように、相手を観察しながら、その人の内的世界をいろいろと想像してこころの交流を図ろうとする傾向は、他者への関心を深めていき、さらには観察者と被観察者との関係への理解も深めていくことができるといわれています。観察者が観察を楽しんでいる背景には Holding mind in mind といったことがあるかもしれません。

2　記　録

M先生：乳幼児観察においては、記録は観察後につけるということでしたね。

Nくん：そうなんです。観察という「ありかた」に集中するためにも、観察時に記録はしません。

観察に徹するということは大切ですね。だけど、観察しながら「おお」と思っていたことが、あとから思い出せない、なんていうか、「なんか、おもしろいことあったんだけどな」なんてことがあって困るんです。これは年のせいかもしれないけれど（笑）。

ちょっとしたメモはあってもいいですね。観察後の記録の書き方も観察を支援に生かすうえで重要だと思っています。

①記録のコツ―観察物語―

　乳幼児観察は、観察記録も観察者の主観性が反映された内容となります。観察記録の書き方のコツとして、私小説の主人公の視点で物語を書いていく、というイメージがわかりやすいかもしれません。すなわち、「私」を主語として、観察中に五感で感じたことや考えたことを思い出し、時には書きながら、「観察中は○○と思ったけど、書きながら振り返ってみると、□□というふうに考えることもできるかもしれない」など、事後的に振り返ってみての感想を追加してみるのもよいでしょう。

　他にも、「まるで〜〜のよう」といった比喩表現を使って、観察者がイメージしたものを書いてみるのもわかりやすいです。観察記録は、みたものの客観的情報（赤ちゃんや家族の服装や観察中に出てきたおもちゃの色や形、サイズなど）も記しますが、それよりも「観察物語」と表現できるような観察者の主観的体験が記されていることが望ましいです。ただ、観察記録を書くのは多くの時間と労力を費やします。時に、「途中までは鮮明に覚えていて、すらすらと書けるけど、この部分がわからないな……この間と間に何があっただろう……」と思い出すことが苦行になることも多々あります。これは、観察者の主観的関与を記述するからこその「生みの苦しみ」といえるかもしれません。

　主観性を重視する理由として、哲学で用いられるクオリアという概念を説明するのがわかりやすいと思います。たとえば、目の前に赤いリンゴがあるとします。多くの人は、「赤いリンゴ」と認識しますが、「そのリンゴが本当に赤いかどうか」を証明することはできません。というのも、人間が目の前にあるリンゴに関する視覚情報を受け取り、その情報のひとつに「赤い」と認識しているものが含まれているにすぎないからです。色覚に障害がある人が同じリンゴをみると「茶色」と認識する場合もありますので、「リンゴの色は赤色なのか、それとも茶色なのか」を客観的に証明することはできず、「多くの人が赤色と認識しているから、おそらく赤色だろう」という主観的な推測で成立しています。つまり、人間が認識したものに対して完璧な客観性を追求することは困難です。

　ただ、これは客観性を軽視して、主観的体験で埋めて記録していいということではありません。客観的事実を「恣意的」に歪曲してしまわないように注意する必要があります。対策として、記録を書いているときに出来事の前後関係や発言を正確に覚えることができていない場合、「実際の前後関係は忘れてしまったが」「詳細なやりとりは覚えていないが」や「〜〜といったニュアンスのことをおっしゃっていた」というように、記憶が定かではないということを補足しておくのがよいと思います。

　フロイト（1912）は、精神分析実践において「平等に漂う注意」が重要であると述べ

ています。これは、「観察者の注意が向けられている面」と「観察者の注意が向けられていない面」があることを想定し、その両面に意識を向けられるようになることを指しています。このような注意が向けられていない状況について後のセミナーグループでの対話の中で、「なぜ、この部分だけ注意が向けられなかったんだろう」と話題にあがるきっかけになります。グループでの対話を経て、発表者は、「あっ！そういえば……」といったように出来事を思い出すことも度々あります。

②記録を通して、自身のこころに目を向ける

　観察をしていて、受け入れがたい気持ちになったり、切なくなってみられなくなるという思いを抱いたりすることもあります。観察対象の子どもを「悪い」や「優れている」と評価したり、支援者の子どもへの関わりを「よい」とか「だめだ」とジャッジしたりしないでいることも容易ではありません。もしそのように感じたら、率直な気持ちや考えを観察記録にそのまま残しておきましょう。

　折り紙を正確に折る子どもをみていて、「うまく鶴を折れる」「折り紙がじょうずだ」と観察することがあるかもしれません。しかし、より詳細にみてみると、「角と角を合わせるのに、何度も確認をしている」「楽しそうな表情というよりもかなり緊張している」「きちんと角が合わないと机をたたくが、合うと口角があがりうれしそう」というように非言語的な情報（表情や雰囲気、間など）や具体的な行動に目を向けられるようになります。そうすると、観察後にその場面をありありと思い浮かべ、イメージでき、詳細に記録として書き残せるのです。この記録は、「折り紙を折る子ども」という普遍的な子どもの観察記録ではなく、「折り紙を折る『この子』」という子どもの個別性の記録になります。

　他にも、「だらしない」と記録するよりも、「上着がズボンから出ていてもそのままで遊んでいる。それをみて、私は、だらしないな、と感じてしまう」というように「みた情報→観察者の感想」という流れで記録すると、後に「なんであのときにだらしないと感じたんだろう……振り返ってみると、そこまでの印象でもないのに」と、当たり前に評価やジャッジしていたことに疑問を抱き、そのことを探索できるようになります。大事なのは、評価やジャッジをしないようにすることではなく、「評価やジャッジしたくなる自分がいる」ということに観察記録を通じて気づき、距離を置きながら考えられるようになることです。記録というものが提供する「考えるスペース」（西野, 2023）と呼ばれるものとなるのです。

　主観的な体験の記録をあとから見直すことで、自分がどういう評価やジャッジの癖を

もっているか、自分がどういう価値観を抱いているかを内省することができ、自己受容や自己一致にも役に立ちます。また、自分の中に湧いてくる気持ちや思いというのは、必ずしも観察者個人だけから生まれ出ているものとはいえず、観察している対象との意識的、無意識的関係が関与して生まれてきているものです。そうしたものへの気づきが、乳幼児観察では赤ちゃんや家族、実践では要支援者と支援者に対する理解をより深めていくこととなります。

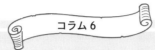

まなざしの交流を妨げるスマホ
【Parenting with cellphones】

　スマートフォンを片手に持って画面をみながら、子どもをあやしたり、子どものバギーを押したりしている親子の様子をみかけます。先日、1歳6か月健診の場で、積み木を積み上げることに苦労していた幼児が、親のスマートフォンを手にして、人差し指で画面を器用にスクロールできている様子をみて、思わず、すごいと感心しました。そばにいる親をみると、親はスマホの画面を注視していました。

　現代社会では、デジタル機器への依存が子どもから大人まで広がっています。特に、子育ての過程で、親子の視線の間にスマホが存在することが気になることがあります。とはいえ、心理学の領域で行われている、スマホと子育てや子どもの発達、親子関係に関する調査の結果はかなりまちまちで、一概にスマホが子育て家庭に登場することが悪いとはいいきれないようです。最近のある研究では、デバイスを使う時間が長時間となることも親子関係に影響を与えますが、ルールをどのように設定するか、デバイスを用いた活動（ゲームなど）をどのように親子で共有するか、他の場面で家族がどのように交流しているかによって、デバイスの影響が異なって表れてくるという報告がなされていました。

　とはいえ、親子を観察できる場面——上記のような健診の場面や、園の送迎時、公園での遊びなど——で気になるのは、スマホの登場によって、親の目、子どもの目が直接に交差する機会がかなり減っているということです。子どもが「みて」と親のほうを振り向くことがあります。新しい発見をしたり、何かがうまくいったりしたのかもしれません。そんなとき、スマホを熱心にみていた親は、子どもに顔を向けずに空返事をしたり、慌てて子どもをみたりしますが、このタイムラグによって子どものこころの興奮は冷めてしまうこともあります。「はじめに」にあるように、子どもは、遊びに夢中になっている最中に、

ふと顔をあげて、親のまなざしを探すことがあります。親のまなざしをとらえるだけで、再び遊びに没頭することができるのです。子どもは、親のまなざしによって力を得たり、安心感を確認したりします。まなざしの交流を求めるシグナルが"Watch me"、つまり「みて」なのです。そのシグナルに応えて親が「みる」という関わりを、スマホに妨害させてはなりません。また、無条件に関心を向けられて「みられる」体験は、子どもに安全と安心を提供します。
　こんなことがありました。観察者が、ひたすらまなざしを子どもに向けていたところ、保育士さんから「今日は、あの子、黙々と遊べているわ」という報告がありました。普段からひとり遊びは多い子ですが、どこか、落ち着かず、ひとつの遊びが長続きしなかった子でした。特に声をかけたり、積極的な関わりはしなくても、関心をそそぐ「まなざし」を向けることで、そして、子どもからの「まなざし」を受け止めることで、子どもは安心でき、自分らしくいられるのかもしれません。観察中に記録に没頭しないという姿勢も、生のまなざしの交流を最大限生かすために大切なことなのです。

3　対　話

M先生　乳幼児観察のもうひとつの特徴は、セミナーグループで自由にディスカッションをすることも含まれているよね。

Nくん　そうですね。個人的には、観察と観察後のセミナーグループでの対話を循環的に経験していくことが重要だと思っています。

セミナーグループのディスカッションはどんなことをするの？

一番わかりやすいのは実際に体験してみることですが（笑）。なるべくイメージできるようわかりやすく伝えてみます。

①セミナーグループでの対話

　乳幼児観察は、特徴的な観察法であるため、「観察」に着目されがちですが、セミナーグループでの「対話」も重要な位置づけとなっています。観察して記録を書いたあとに、週１回集まるセミナーグループの対話も含まれています。セミナーグループは、経験豊富なリーダーのもとに集まった５、６人の観察者たちで構成されています。

　セミナーグループの目的は、観察者が観察中に気がつかなかった視点が提供される機会となり、「観察者－赤ちゃんとその家族」の関係性を様々な角度から理解できるように「対話」をすることにあります。また、他の観察者の報告を聞くことで、自身が観察している赤ちゃんやその家族と比較できる客観的な機会となります。

　セミナーグループは次のように行われます。まず、発表者が自分の観察記録を発表します。参加しているメンバーやグループリーダーは発表を聞く中で、自由に感じたことや思ったことについて思い巡らし、発表後に率直に対話を行います。そこでは、「お母さんは〜な人だ、赤ちゃんの発達は○○だ」という当たりをつけて理解することや、「観察者はもっとこうしたほうがいい」と具体的な解決策を話し合うことを目的にしているわけではありません。すなわち、具体的な対応策や解決策がゴール地点となるような予定調和の対話をするのではなく、発表者やメンバー、グループリーダーが「観察状況や観察家庭の中で何が起きているんだろう」と興味・関心を示し、時に空想や突拍子もない直観的な考えなども率直に発言したりして、ああでもないこうでもないと自由な連想を繰り広げていくことに意味を見出しています。セミナーグループの終了時間を迎えると、対話が中途半端に終わってしまったと感じることがあります。どうしても物事の帰結や結論を欲したくなるものですが、報告される記録は観察の途中経過でもあり、たとえ観察が終結しても、赤ちゃんと家族の人生は続いていくことを想定して断定的な結論は出しません。

　自由な考えを話し合うことで、発表者は、観察体験について振り返り、赤ちゃんや家族に対して様々な可能性を考えられるようになります。参加者も自身の観察体験との比較を通して、新たな気づきが得られます。ここが、事例検討会やスーパービジョン、ケース会議と大きく異なる点になります。事例検討会やスーパービジョン、ケース会議では、ケース報告者が検討したいことなど、対話する目的や意義、具体的な対応策などが設定されており、焦点化された議論になりがちです。

　セミナーグループの参加者は、これまで述べてきた「観察マインド」に基づいてグループディスカッションに参加しています。すなわち、報告者の観察記録や観察体験に興味・関心を示しつつ自由な対話を聞きながら、参加者のこころに湧き上がってくる情緒や思考

が話題になることもあります。そして、時に「批判的検討」がなされたり、意見が異なったりすることもありますが、それに対して、グループリーダーからの「ひょっとしたら、家庭内の状況がグループの中に投影されているのではないだろうか」といったコメントによって新しい観点で観察記録や観察体験を振り返ることもあります（これは並行プロセスと呼ばれるものです）。

　発表者は、自身の観察記録について同じ志をもった参加者やグループリーダーと定期的に集まり自由なディスカッションをすることで、長く時に苦しい観察体験を継続していく大きな助けとなります。これは、情緒や思考といった気持ちを"抱っこする"という意味の「コンテイニング」と呼ばれる体験になります。グループでの対話を通して、観察者は見落としていた、あるいは気がつかなかった視点を発見し、多角的な視点から考えられるようになったりしていきます。対話の中で赤ちゃんだけでなくお母さんやお父さんの立場から考えるという気づきを得ることは、対話が提供する「考えるスペース」となります。それは、観察した赤ちゃんや家庭にも影響を与え、観察者が赤ちゃんや家族の中にある抱えようがない情緒や思考の担い手である「コンテイナー」になります。

②コンサルテーションに生かす対話

　観察者は、観察中だけでなく、セミナーグループでの対話の場でも発表者の観察体験に興味・関心を示していることをこれまで述べてきました。観察している赤ちゃんとその家族の言動に興味・関心を示すだけでなく、他者の語りにも興味・関心を示せるようになるということは、養育者面接や多職種とのコンサルテーションといった臨床場面でも有効に活用することができるようになっていくわけです。

　心理職は、心理面接・心理療法など、クライエントの個別性を大事にすることに臨床的な価値観を置いてきました。ただし、クライエントの個別性を大事にするあまり、養育者が自身の苦悩をおざなりにされたと感じさせてしまったり、保育者や教員などの支援者が抱える困り感と衝突したりすることもあります。乳幼児観察の経験は、養育者面接や多職種とのコンサルテーションの場面でも十分に生かすことができます。

　乳幼児観察の経験を重ねることにより、子どもの視点に立って話を聞きながらも、子どもと日々関わる中で生じる養育者の苦悩や支援者の困り感にも並行して注意を向ける、という「考えるスペース」を保持し生かせるようになります（参照：西野, 2023）。たとえば、「その子のことについてより詳しく理解するために、普段関わっていてどのような気持ちになるのか教えていただけますか？」や「観察でわかったこととお話をお聞きしたことを

通して、私だったら〜〜と感じるんですが、どうですかね？」といったようなことを養育者や支援者に投げかけることで、子どもと関わる中で生じる情緒的体験を共有することができるようになります。

　こうした対話の目的は、「養育者や支援者が子どもに対してどのように接するのが良いのか」を評価・ジャッジをすることではなく、「養育者や支援者のこころの中にある子どもに対する主観的イメージ」を探索し、どのような点が気になり、悩んでいるのかを言語化してもらい、そういった悩みを観察者がありありと想像できるようになることにあります。対話をしながら、観察者のこころの中に喚起された気持ちや考えである「逆転移」にも注意を向けつつ、子どもに対する養育者や支援者の気持ちや考えに「投影同一化」の観点に基づいて理解を深めていきます。この点を説明するにあたり、西野が保育園で実施した保育者とのコンサルテーションの様子を以下に記します（個人が特定されないように内容の改変・加工をしています）。

　　　　友だちとのトラブルが日々絶えない5歳児のシンジくん。観察者は、シンジくんが友だちや担任保育者とトラブルを起こし、暴れ泣いている場面をみるたびに「またか……」と辟易した気持ちを抱いてしまいます。一方で、「なんで、シンジくんのことを受け止めることができない、拒否したくなる気持ちを抱いてしまうんだろう」とも感じています。
　　　　観察後の担任保育者との対話を通して、最近のシンジくんの様子が次のように語られました。勝手気ままに振舞っているように映るシンジくんに対して、担任保育者は、「何かが起きると、シンジくんを注意しているな……」とよく注意し叱っているという自覚があるようです。担任保育者の表情や声のトーンを観察してみると、怒りを抑えながら、「毎日暴れたりしたら、こっちだって怒りたくなる！」というシンジくんを叱ることの正当性を暗に主張しているようでありながらも、「保育者として十分に関われていない自分に責任がある」とシンジくんとうまく関われないことに対する専門家としての無力さも感じているようです。他にも、班で活動をするときに他の子どもたちが「シンジくんの隣に座りたくない」と言ったり、悪戯をした子たちが「シンジくんがやった」となすりつけようとしたりしている場面を目撃したとのことでした。
　　　　担任保育者と対話する中で、観察者は、観察の中で感じた辟易した気持ちを想起しつつ、担任保育者の表情や声のトーンを通して、担任保育者や子どもたちが感じているであろう気持ちや考えを慮っています。観察者の心情と担任保育者（他の子どもたち）の心情に共通することは、「シンジくんのやっていることを素直に受け入れることができず、なぜか弾き返したり、拒否したりしたくなる」ことといえそうです。こうした共通点を見出すことを通して、観察者は、「シンジくんが暴れ泣いている場面をみるたびに、

第3章　乳幼児観察における「観察」「記録」「対話」の一連のプロセス　47

またかってうんざりする気持ちを抱いてしまうんですよね……先生も同じように、またシンジくんかって思うことはありますか？」と尋ねると、担任保育者は、「そうですね……そうか、トラブルがあるたびに、どうせシンジくんが何かしたんだろう、と決めつけちゃう見方をしていたんだなって今、気がつきました」とシンジくんが問題の原因であるという先入観をもった見方をしていたことを認識し、少し距離を置いた見方を試みようとされました。

その後、長い時間はかかりましたが、シンジくんと担任保育者・他の子どもたちとの関係は良好なものへと変化していき、シンジくんも暴れることなく落ち着いて過ごせる時間が増えていきました。

シンジくんの事例で示したように観察者との対話を通じて、養育者や支援者は、「あーそういうことだったのか」といったようなこれまで見落としていた視点や新たな視点に気づいたりすることが多々あります。それに伴い、日常生活の中で子どもへのまなざしが変わっていき、そのまなざしを受けて子どもの様子が変化したり、あるいは成長や発達が促されたりします。

ここまでを読んでいて、「具体的な関わり方を伝えていないけど、それで大丈夫なの？」や「なにもしていないって思われるんじゃない？」と、このような介入が本当に有効なのか、とやや懐疑的な目を向けられる方もいらっしゃるかと思います（コラム9参照）。もちろん、ケースによっては、「まだ耳で話を聞いてもそれをイメージすることがむずかしく混乱している様子だから、視覚的な情報を手がかりにしてあげたほうがわかりやすいと思います」といったように「根拠・理由→具体的な介入」という流れで助言をする場合もあります。

ここで大事になるのは、「**なぜ、視覚的な情報を手がかりにしたほうがいいのか**」という観察者なりの根拠・理由を養育者や支援者と共有できているかを見極めることです。養育者や支援者は、「困っている状態からなんとか抜け出したい。早く答えがほしい」という気持ちを抱いて、相談に来られます。そのような焦燥感に満ちたこころの状態だと、「とにかく視覚支援が大事なんですね！」と、「**なぜ、その子にとって視覚支援が大事になるのか**」という子どもの視点に立った理解が抜け落ちてしまいます。その結果、「視覚支援が大事って言われてやってみたけど、全然ダメだった……」と落胆させたり、「まったく役に立たないじゃないですか！」とひどく非難したくなる気持ちを抱かせてしまったりします。つまり、同じ内容を伝えても、伝わり方がまったく異なります。どのような過程を経て、養育者や支援者に伝わっていくのか、その点にも注意を向ける必要があります。

それは、「子どもとの関わりに関する養育者や支援者の語りに観察者が十分に興味・関心を示し、養育者や支援者が抱いているであろう気持ちや考えをイメージできるくらい共有できているか」という、「観察者-養育者」「観察者-支援者」との間で情緒的体験を共有できる関係が構築されている必要があります。具体的な内容については、第5章で提示します。

心理アセスメントにおける観察
【Observation on psychological assessment】

心理アセスメントにおいて、検査への解答内容だけでなく、検査を受ける行動についての観察が、アセスメントの目的をより具体的に明らかにするのを助けてくれます。

たとえば、集中の度合いが激しく変化することがあります。好奇心をもって熱心に取りかかっていたかと思うと、突然やる気を失ってしまったりします。いったん休憩をいれると、ふたたび集中できますが、しばらくすると注意が散漫になり、検査の続行が危ぶまれます。どれくらいの間であれば集中し続けられるのかといった行動観察は子どもの理解と支援に重要なヒントとなります。

また、解答に自信がないと、そのたびに、間違っていたか、あっているかを聞いてきたり、正答を確認しようとしたりする子どもがいます。この検査では、正答の内容を教えることも、正答していたと伝えることもしてはならないことになっています。しかし、心配そうに何度も聞いてくる様子から、この子が学校生活や日常生活での様々な評価場面で、どんな体験をしているんだろうかと気になり、「できないことがあってもいいし、まちがうことは悪いことではないんだよ」と伝えたことがあります。「そうか、わかった」と肩の力を抜いたのをみて、少しばかり検査者のほうが安心したことがありました。

子ども対象の知能検査であるWISCは、やさしい問題からむずかしい問題へと順に並んでいますが、やさしいはずと思っている段階でミスが目立ち、むずかしい問題になると正解を続けて、年齢からみて驚くように難解な問題にあっさりと解答する子どもがいます。やさしいかむずかしいかといったレベルは多数派である定型発達の子どもを対象として決められているだけで、ニューロダイバーシティといわれる、多様な脳神経の配線をもった子どもにとっての難易という基準は、多数派の物差しで測られるものとは異なるのかもしれないと思います。そういう意味で、彼らが解答に苦労した、多数派の定型発達児に

とっては「やさしい」と思われている問題の構成や内容を深く分析することから、子どもの生きにくさについての理解を深められることがあります。

こんな子どももいました。考えているんだろうかと疑問に思うほど、直感的といっていいほど素早くサクサク解答し、確かに正解だったのです。ところが、サクサクというリズムが崩れた途端、それ以降、考える様子もなく、すぐに「わからない」とつぶやき、少しでも早く終わりたいという姿勢をみせました（一度誤答をしても、次の問いで正答することはよくあるのですが）。リズムよく解答が続いていくと、驚くほど素早く最終の問題までいき、同年齢集団の中でも優れた評価点を出しますが、同じ指標の中の下位検査なのに最初のほうでリズムが乱れると同年齢集団の中できわめて低い評価点にとどまります。

観察者の記録をもとに、「なんでなんだろう」とスーパービジョンの場で検討しました。解答の素早さからみて、この子はとても感覚的で、自分が心地よく思っているリズムが何らかの要因で崩れることが心理的不安感を引き起こすのかもしれないと、仮説を立ててみました。この子と養育者へのフィードバックのときに、こうした仮説を伝えたところ、驚く本児と顔を合わせた養育者は「そんなこともわかるんですね。まさにこの子は、ちょっとでも、なんか違うという感覚になると思考が止まって、消えたくなるんだってよく言うんです」と教えてくれました。その後、子どもも交えて対話をする中で、この子にとって「わかる」という体験は、理屈やルールに沿って辿りつくものではなく、直感的なものだったということがみえてきました。確かに正解をしても、なんでそう思ったかということの説明はとてもつたなく、抽象的なものでした。この子の各指標のIQは凸凹でしたが、全IQはきわめて高いものでした。ですが、こうした直感的な才能をもった子どもが、現代の日本の教育課程に乗っかっていくのはなかなか大変だろうと感じたものです。

WISC5の検査では、解答をする過程もプロセス分析として数値化します。が、これまで紹介したような集中の継続時間や正誤にこだわる態度、解答の正誤の出方や、わからなかった場合の様子やリカバリー（たちなおり）といった数値化されない行動観察の記録からも理解や支援へのヒントを多数得られるのです。

第2部　観察ワーク編

　第2部では、支援活動に生かしていくための「観察マインド」を意識し、そうしたマインドを通して支援力を育てていくためのワークを紹介します。一人で取り組めるものもあれば、小グループで取り組むといいものもあります。

　ワークの1～7（第4章）は、PCA的な観点からの観察者の主観性を意識したワークになります。まず、現象をありのままに「観察」する体験をしていきましょう。目でみて、形がわかり、色を意識できても、人によって観察されているものが違ってくることがあります。自分の体験から「ありのまま」の特徴に気づき、他者の体験を通して「ありのまま」がひとつとは限らないことを知り、「違い」をそのまま受け止めていく過程で味わう気持ちや思いにオープンになってみるワークです。観察されるものが複数となると、みえたもの同士のつながり方で、みえたものの意味が多様に広がります。観察というシンプルにみえる体験の奥深さに気づいてみてください。そのあとで、観察をしていたものを支援に生かす「記録」とそれを活用して支援に生かしていくときの方法について疑似体験してみましょう。

　ワーク8～10（第5章）では、今度は乳幼児観察の観点から、観察の「記録」と「対話」をとりあげていきます。観察したものを「記録」する意味、実際に記録するやり方、また、記録後、他の支援者たちとの「対話」を通して観察を支援に生かしていくプロセスについて理解を深めていきましょう。

第4章
観察者の「主観性」を意識したワーク

 ワーク１

目 的

　観察者は、時に、観察している子どもたちの目から世界がどのようにみえるかに思いをはせながら、子どもの世界についてもまなざしを向けてみることがあります。観察される対象の目からみえる世界を意識的に観察してみましょう。

ワーク

　部屋（教室など）の隅にある机の上などに置かれた対象（ペットボトル、椅子、カーテン、ノート、鞄、窓など）を観察し、簡単に記録をとっておきます。つぎにその対象が、どのように、この場を体験しているかを、観察している自分について、その対象の目線（目がなくても！）から、観察をしてみます。大学のゼミでのワークの一場面を紹介しましょう。

例：机の上のペットボトルの観察

　　少し黄色っぽい色がついた液体が半分より下あたりまで入っているペットボトル。ラベルはついていないが蓋は白である。教卓にはそのペットボトルの向かって右に、チョークが入っている木箱も置いてある。部屋は30人ぐらいが入れるところで、教卓はこの部屋にある机より、50センチほど高い。窓から入ってくる風がややなまぬるいので、ペットボトルの中身ももうなまぬるいかもしれない。西日があたって、液体の色がひろがり、机の上が温かい感じに光っている……

ワークの例：机の上のペットボトルからの観察

　　　　（あたかも自分がペットボトルになったようなつもりで）
　　液体が半分ぐらい入っている自分には安定感がある。中身はぬるくなっているので、

外側がびしょびしょしていなくて快適でもある。教卓の上には、木の箱があって、中のチョークが何本かみえる。斜め正面に窓があって、そこから西日が入ってきて、少しまぶしい。窓の少し右のほうに、こちらを観察する髪の短い学生がいる。じっとこっちをみているが、顔は陰になってよくみえない。視線は怖い感じはしない。ときどき顔は下に向けないで、筆記用具をもった左手（左利きだ）を紙の上で動かしている。何かを書いているようだが、顔は、ずっとこっちに向けていて、きちんと書けているのだろうか。書いているのは、あとで忘れないようにするためなのだろう。書いてあることに興味がある。見せてと言ったら、見せてくれるんだろうか。困るだろうか。それにしても、窓から入ってくる光がまぶしくて、それがなければ、もうすこし表情がみえるのに……。

解　説

　観察されている自分も、実は観察されているのだという体験は、多くの学生にとって「新鮮だった」という感想があります。今日、支援現場での観察者は、多くの場合、ワンウエイミラー越しではなく、観察対象の子どもたちがいる場に一緒にいて参与観察をしています。乳幼児観察では、観察している間、決してメモは取らないことになっているようですが、それ以外の支援者による観察においては、簡単なメモ用紙と筆記用具を持っていることもあります。でも、メモをしている様子は、観察者の想像以上に、子どもたちにみられていて、いろんな思いを抱かせていることを、あとで気づかされます。記録に必死にならないように気をつけ、カギとなるワード、そのときのちょっとした気持ち、気になったささいなことを短い表現で書き残すようにします。

　「相手の立場に立ってみる」ことで、気持ちに焦点をあてた共感的理解を意識することがありますが、このワークでは「相手のまなざしになってみる」ことで、今いる場での体験を五感を通して意識してみることができます。

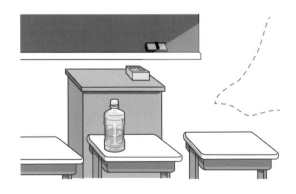

第 4 章　観察者の「主観性」を意識したワーク　53

ワーク2

目 的

このワークでは、観察した非言語的情報を言語的に第三者に伝えるという体験をして、自分にははっきりとみえているものを正確に第三者に伝えることが、どのようにむずかしいのか、また、できるだけありのままに伝えるには、どのような工夫が必要か、ということを体験してみます。伝えることだけでなく、伝えられたものを再現することも容易ではありません。観察したものを伝える、そして伝えられたものを再現するプロセスにおけるやりとりについても体験してみます。

ワーク

2人以上5、6人の小グループ

〈用意するもの〉

　画用紙（A4サイズ、あるいは六つ切り画用紙でもいい）

　黒の鉛筆　消しゴム

　色鉛筆　15〜24色（あるいは、赤系、青系、緑系、黄色系をそれぞれ2〜3種類用意）

1．ひとりが、以下のルールに従って、6つの形と線をくみあわせた絵をA4の紙に描く。
2．その絵を見せないようにして、描いたものについて、他の人に対して、言語で説明をする。
3．他の人は、伝えられた絵を再現するように描く。

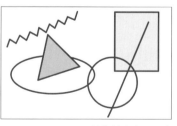

具体的なものでも

抽象的なものでも

〈描画時のルール〉

　＊2〜3分ぐらいで描く。他の人には見えないようにする。

　＊以下の6つの形と線を使って描く。

　　三角形　四角形　円　楕円　直線　ジグザグ線

　＊すべての形・線は1回以上、いくつずつ用いてもいい。

＊すべての形・線の方向やサイズは、自由でいい。

＊鉛筆で書いたあと、色鉛筆で塗色する。一色〜全色、自由に使っていい。塗り込んでもいいし、線をなぞるだけでもいい。

〈伝達時と質問時のルール〉

＊サイズの表現としてセンチメートルといった単位をもちいた表現をしてはならない。

＊色の名前は伝えてはならない。

　例「明るい朝日の色」「コーンスープの色」という表現を用いる。

＊あとは自由に説明していい。

　⇒ 10分ほどしたらそれぞれの絵を共有して、一緒に何がむずかしかったか、どこが、うまく伝えられたか、どんな伝え方がよかったか、について振り返っていきます。

解　説

【みたものを伝達する人の体験】

　本人が描いていて、しかも、目の前でみながらであるのに、自分の絵を相手にありのままに伝えることは、簡単ではないことに気づきます。ゼミで行ったとき、ある学生は次第にフラストレーションを感じて、「ごちゃごちゃ説明するよりみてもらったほうが簡単だ」と叫んでいました。ある養育者に「言葉で説明するより先生にみてもらいたい」と同じように言われたことを思い出します。

　視覚的情報の追体験や理解の共有がむずかしいのは、視覚的情報という非言語的情報を言語的情報に変換することのむずかしさでもあります。言葉というのは、伝達において万能なツールのようでいて、実際にはそうでもありません。カウンセリングやコンサルテーションなどの心理的支援の場では、要支援者がどこか別のところで体験した世界を言語で説明して、支援者はそれを傾聴します。どんなに耳を傾けていても、話される説明だけでは、同じような世界を思い描くことには限界があります。そんなとき、支援者が気になる点について質問をさせてもらって、ようやく、共有できるということがあります。しかし、質問もしなかった箇所については、そうはいきません。

　このワークの話に戻ると、形やサイズといった客観的なことは説明しやすく、質問もしやすいですが、タッチ（筆圧）やストローク（線の連続性や長さ）、色合いを相手と共有することは容易でないことがわかったかもしれません。色の名前を言えないルールなので、主観的な表現を駆使して伝えねばならず、自分の表現が伝わったのか、相手からのフィー

第4章　観察者の「主観性」を意識したワーク

ドバックがないと不安になりませんでしたか。

　また、伝達する側としては、質問をされてはじめて、そこは確かに説明していないとわからないだろうということに気づかされることがあります。自分にとってあまりに当たり前のことは、あえて言葉にして伝えるということを省いてしまうものなのです。さらには、伝達する際に、画用紙のはじから順番に位置や形を説明していく人と、全体のテーマや伝えやすい中心的なところを伝えて、あとから質問を受けて細かいところを説明していくという人もいました。伝え方にも個人差があることがわかります。

【伝達されて再現する人の体験】

　視覚的、非言語的情報を、言語的情報を通して再現するむずかしさを体験したことでしょう。相手のみている世界を視覚的に再現するのに、頼りになるのは、相手が発する言語です。いろいろと質問したくなったと思います。ゼミの中で、どんな質問をしているかに目を向けたところ、形や位置に関して理解をしようとしたときに出てくる質問と、色合いに関して理解をしようとしたときに出てくる質問が、質的に異なることに気がつきました。色合いの説明や再現にはよりいっそう、主観的なニュアンスをデリケートな表現で伝えることが求められます。また、色合いや形、位置の確認に比べて、タッチやストロークについて確認を忘れてしまうことはなかったでしょうか。再現にあたりそれほど正確さを求めないことがありますが、描き終えた絵をみると印象をかなり変えてしまうことに気づきます。さらに、伝達するしかたにもあったような個人差が、質問のしかたにもみられました。画用紙のはじから順番に位置や形を確認していく質問をする人がいたかと思うと、全体のイメージやテーマについて質問して、あとから細かいところを微調整していく質問をする人がいました。

　観察者が観察したことを第三者に伝える場面は様々です。視覚的情報を言葉にすることの限界を理解し、観察していない人との観察情報の共有には、ただ、伝達してもらうだけでなく、質問をしたり、また、自分が理解したことが間違っていないかどうかを確認したりするやりとり、すなわち対話が、要支援者が体験を共有したいと考えているときにとても重要になることがわかります。共感的理解はプロセス（p.22）ということを述べましたが、このワークをすると、そのプロセスを実感し、理解というのが支援者と要支援者ふたりの協働作業で実現することに気づかされます。

 第2部　観察ワーク編

ワーク3

目 的

　どうみれば正しいのだろう、こんなふうにみたら、おかしいだろうか。そんなことを考えてしまうこともあるかもしれません。ここでは、疑似的な「観察」を体験してみて、「観察」するという体験過程の中でどんな気持ちや思いを抱くのかについて意識を向けていきます。

観 察

　次のページの絵は、フィンガーペインティングの描画です。これを、目の前に広がる情景として「観察」してください。何がみえますか？　みるという体験をするうちに、自分の中にどんなことが起こってくるでしょうか。たとえば、ある感情が湧いてくるとか、ある考えが浮かんでくるとか、そうした体験をしている自分についても「観察」してみてください。

　また、みえてくるものは、ひとつだけとは限らないことでしょう。最初にみえたもの以外にみえてきたものをあげていきます。その過程で初めに「観察」したものが異なってみえだすことを体験するかもしれません。「観察」されたものが増えていくことで、自分の中に湧いてくる感情や思いも変化するかもしれません。

ワーク （まずひとりで行い、そのあとに小グループで共有していきます）

- まずは、何に目がいったか。
- できるだけそれに集中してみて、みえたものを言葉にしてみる。
- みながら、自分の中で体験しているものも観察して言葉にしてみる。
- つぎに、他にもみえてきたものをあげる。
- いくつかみえた場合、それらが関係し合っているかどうか。関係していたら、どのようにつながり合うか。関係しないとき、どんな思いや気持ちになるか。
- 複数みえたものの間につながりが生じるか。また、つながっていって、ストーリーが生まれることがあっただろうか。

【図1】

解説

　シンプルなものを観察している過程でどんな体験をしたかを、自分自身で振り返ったり、あるいは、仲間同士で共有したりしてほしいと思います。その際、みたものを仲間に同じようにみてもらうことは強要しません。自分にもみえたという体験や、どうしてもみえないという体験をありのままに味わってください。自分とは違うものをみたという体験に関心をもって、耳を傾けてみましょう。同じようにみえるだろうかと試してみてもいいでしょう。みえたものに正解はありません。

　あるゼミでの体験を紹介しましょう。

　メンバーが一人ひとりの、最初にみたというものを発言していきます。

　　「湖」「おへそ」「雨上がりの空みたい」「透明のビニール袋」「鏡」「何ってうまく言えない。なんというか、包まれている感じ」……

どうでしょう。同じものをみているのに、二人として同じ回答がないのです。一人ひとりどのように「それ」をみたのかを話していきます。

　「水色がひろがっていて、その印象から湖だなって」
　「真ん中の小さな穴がおへそ。もうそう思ったらそれしかみえない」
　「明るい光も感じて、それで雨上がりの空って……」
　「透明感があってビニール袋のような気がした」
　「私も透明感を感じて、この空間全体が鏡のよう」
　「まあるくてかこまれていて、なんかあったかくて　守られていてというイメージがわいたので」

　説明を聞きながら、「あ、なるほど」「そうだね、それ私にもみえる」という声が出たり、「え、それってどこ？」「わからない。もう一回説明して」とまったくピンと来ていない仲間からは質問が飛んだりします。そのときの発言や質問のしかたについても話題にします。「わかる、わかる」と急いでいないか。「なんで？」といったジャッジするような尋ね方になっていないか。相手が観察しているものを相手の目からとらえるための聞き方や、相手の観察体験を評価しないで受け止める発言のしかたを意識していくことで、支援につながる観察の姿勢が身についていきます。

　元の絵が曖昧なものだけに、ゼミの参加者の発言をみると、「観察する」という体験を超えて「感じる」という体験をしていることがわかります。

　ひととおりの説明が終わってから、「他にもみえてきたものを教えてください」と声をかけます。すると、いろいろなものが最初にみたものの周辺に存在していることがみえてきます。そのうちに、みえていたもの同士がつながり合っていき、つながる過程でいろいろな物語が生まれていきます。一部を紹介しましょう。

　「このあたり、木かな……湖の周りに木が生えていて、原始的でなんというか手を入れていないという感じの林、原始林というのかな。湖を囲むようにあって湖を守っているかのよう。」
　「ふくらんだおなか……さっき言ったおへそ、これは妊婦さんのおへそ。この中では命が宿っていて、幸せなおへそ。」
　「雨上がりの水たまりにタニシがいて、それが映っていて。このタニシはちょっとし

た冒険に出ようとしている」
　「少しはじが汚れていて、どろのついた運動靴、あ、ここにはないけれど、それを入れていた袋だったの」
　「古い鏡だから、真ん中あたりが濁っていて。これで顔をみると、しみがあるみたいにしかみえないけれど、でも形が気に入っているからまだ使っている」
　「大きな暖かい何かに包まれていて、途方にくれていたけれど、だんだん落ち着いてきたら、やさしくて、守られていて、助けられている感じがして」

　おもしろいですね。複数のものがみえてくると、私たちのこころはそれを自然につなげていくのです。そして、それが物語となります。第1部で「観察物語」について述べましたが（p.41）、このワークでも自然と生まれてくるストーリーを意識してみましょう。
　みるという体験は、網膜に像がうつるという身体的現象を超えて、きわめて心理的体験であることがうかがわれます。同じものをみていても、同じ体験をしているわけではない、このことを知ることが、観察を支援に生かしていくときにも大切な土台となります。

　ゼミの最後の振り返りをいくつかご紹介しましょう。
＊「観察」ということが、ただ、視覚的体験にとどまらず、イメージとか、思考とか、記憶とか、いろいろなこころの体験を生むということにおどろきました。
＊あるものだけ、部分的にだけみるということは逆にむずかしいと思った。最初から、いろいろなものが目に入って、ひとつだけみるというのがむずかしかった。
＊最初にみえたものが、後からみえてきたものでいろいろとニュアンスまで変わっていくという体験に驚きがあった。観察ということをこんなふうに意識したことがなかった。
＊これがみえるといったら、どう思われるかということが気になったが、みんなが自由にオープンにみえたものを話しているのを聞いて安心して、自分がみたものを語れた。目の前のものをただみるということだけなのに、それを共有しようとするときに、安心感がないとできないということを学んだ気がする。
＊ひとつのものを観察したあと、2つめ、3つめとみえるものが増えていくと、それらをつなげようとしている自分がいる。さらに、うまくつながらないと、すでにみえているものを、違うようにみようとしている自分にも気づいたことがおもしろかった。

ワーク4

目的

　ここでは、観察できる情報の間（ノンバーバル同士、ノンバーバルとバーバルの間など）に齟齬がみられるような場面から、そうした観察対象をどのように体験し、どのように理解していけるか、体験をしていきたいと思います。

ワーク

　以下の場面で、観察できるいくつかの情報の齟齬を書き出してみましょう。また、その齟齬は、どのように理解できるか考えてみましょう。

【観察場面】

　　不妊治療をしてきて、長年子どもを授かれなかった女性に妊娠がわかった。女性はとても喜び、順調に育っているという報告がその後のセッションで毎回語られた。ある日、女性は、いつものように面接室に入ると着席するなり、セラピストがあいさつする前に、前回の面接後、胎児が死亡したと語りはじめた。それは大きなショックだったろうと思い、「とてもショックだったでしょうね」とセラピストが言うと、女性は笑みを浮かべながら、「正直、いざ子どもを持つとなると不安だったので、私がまだ準備ができていないってことを教えてくれたのかな」「残念だけど、きっと今生まれても、この子は幸せではなかったって思えるんです」「短い間でも、楽しませてもらえて、親孝行ですねこの子」などと語った。しかし、ハンカチを握る手は小刻みに震えていた。

解説

　不妊治療をしてきた苦労とそのうえで授かった子どもを死産してしまうという体験は、その話を聞く人に、悲しみや悔しさといった、強い情動を引き起こすのではないでしょうか。自分がセラピストだったら、どんな情動を抱くかについて、まずひとりで想像し、そのあと他の人と共有をしてみるといいでしょう。人によって、必ずしも同じものではないかもしれません。

　ところで、自分が抱いている情動的体験とは異なる観察対象の態度をみると、どんな気持ちや思いになるでしょう。観察対象の笑みや前向きな言葉をどうとらえていいものか、

第4章　観察者の「主観性」を意識したワーク

とまどうかもしれません。しかし、他のノンバーバルな情報、たとえば手の震えといった情報は、観察対象に対する理解の前に「なんでだろう」という問いを生みだし、理解しようとして様々に仮説をもうけることでしょう。たとえば、「観察者の前で無理をしているのだろうか」「観察者に、まだ正直に気持ちを表現できない関係性なんだろうか」「自分で自分の気持ちに向き合えないのだろうか」「本当は、子どもを産むことが怖かったんだろうか」「今は、ありのままにいるより、自分を鼓舞するために、無理にでも明るくいようとしているのだろうか」……観察マインドは、表情、言葉、動作、姿勢、声の質といった観察対象の様々なレベルの情報同士のズレや、それらと、観察者自身の主観的な体験の間のズレに注目をします。「なんでだろう」の問いを自分の中だけで終わらせず、観察対象に直接問うことも、面接というセッティングではあります。こうしたズレは「自己不一致」を生じさせ、生きにくさを助長している場合があるため、支援関係の中で一緒に振り返っていき、安心して「自己一致」していくのを見守るようにします。

ワーク5

目　的

　観察記録にはおのずから個人差がみられます。観察記録を自分で振り返り、記録をもとにまずは記録した自分に「傾聴」し、自分と、次にグループと対話していきます。そうすることで、観察体験を支援関係への理解や支援につなげていくプロセスがみえてくるようになります。

観察の場面

　母親が迎えに来ても、表情をかえずに、積み木を並べ続けるアミちゃんをめぐる観察

【保育士Aの観察記録】

　　お迎えの時間18時の5分過ぎに母親が迎えにきた。今日も遅れているが急ぎ足になるわけではない。アミちゃんは、母親に一回視線を向けたが、そのまま積み木を並べ続ける。母親が名前を呼んだがアミちゃんはそのまま積み木をし続けていたため、母親は声のボリュームをあげ、「おいていくよ」と言うがアミちゃんをみようとはしていない。それに対して、アミちゃんはすぐにではなく、ちょっとしてから手をとめて立ち上がり、母親の後ろをついていく。母親の疲れた様子が気になる。最近、配偶者と別居したというが、関係しているのだろうか。保育士が「またね」「さようなら」と声をかけると、母親はかすかに頭をさげ、来たときと同じゆっくりとした歩調で帰っていく。

【保育士Bの観察記録】

　　いつものように迎えの時間に遅れているのに、悪びれずに淡々と歩いてくる。そのとき、アミちゃんは、積み木を並べ続け、母親を無視している。母親のほうもアミちゃんをみるわけでなく、むしろ無視するようにただ名前を乱暴な口調で叫び、最後には「おいていくよ」と脅すように言う。アミちゃんはしばらく知らん顔だったが、少しして手をとめた。帰り際、アミちゃんは母親と手をつなぐわけでもなく、冷めた表情が気になる。母親は、保育士の声かけに挨拶を返さず、目が合うのを嫌がっているかのように門からそそくさと出ていく。

第4章　観察者の「主観性」を意識したワーク

【保育士Cの観察記録】
　18時がお迎えの時間だが、約束の5分過ぎに母親が迎えにきた。最後まで待ってたアミちゃんがかわいそうで、母親に少しは足を早めればという思いを抱く。アミちゃんは、母親に気づいたようだが、そのまま積み木を並べ続ける。母親が名前を呼んでも手をとめない。でも母親はアミちゃんが夢中になってやっていることに関心も向けていないで、ただ声のトーンをあげていった。無視するアミちゃんは、この子なりの遅かった母親への怒りだろうか。でも、こんな曖昧な態度では、通じないだろう。もやもやする。アミちゃんは母親の声とは関係なく、遊ぶのをやめると、立ち上がって母親についていく。なんか不思議な関係だなと感じる。「またね」「さようなら」という保育士の声かけにあまり反応しない母親。不快感がする。

ワーク（ひとりであるいはグループで体験するプロセス）
- 3人の観察記録の特徴をあげてみよう。それぞれの特徴から、支援に生かすうえで、どのようなメリットがあるか、どのような点を気をつける必要があるかを考えてみよう。
- Aさんがもっている観察以外の情報から、どんなことを考えるだろうか。観察対象への解釈にどんな影響を与えるだろうか。いろいろな角度からひとつ以上の影響を考えてみよう。
- Bさんの記録を読んでいて、どんな気持ちや思いをもっただろうか。それはどういうところからだろうか。Bさんの記録から、支援へのヒントになること、支援関係作りにおいて注意しておくといいことがあるとしたらどんなことだろう。
- Cさんの内的な体験が記録の中に含まれている。（　）でくくってみよう。また、それらを読みながら、Cさんに聞いてみたくなることはどんなことだろうか。また、（　）でくくった体験は、Cさんの支援活動にどのような影響を与えるだろうか。
- 観察記録をもとに、自分はアミちゃんと母親について、どんな気持ちや思いをもっただろうか。アミちゃんの行動、母親の行動について、どのようなストーリーを作っていけるだろうか。
- 自分が支援をしていく場合、どんなことを意識して行うだろうか。

解説――記録に基づいた傾聴
　さて、支援における観察記録は、観察と傾聴という専門性をつなぐ大切なツールになります。ここでは、以下にそのプロセスを説明していきます。自分も観察者になったり、観察者に問いかけ観察者に傾聴する立場になったりしながら、イメージを広げてみましょう。

上記の記録は同じ観察場面に対して行われ、ほぼ同じ体験をしていることはわかりますが、観察記録は三人三様です。Ａさんの記録には、「いまここで」の観察情報に加えて、遅れてくることがはじめてでないことや、最近配偶者と別居したことなどの観察情報以外の情報も含まれています。観察記録にそうした別のところでの情報まで記載するのがいいのかということに疑問が生じるかもしれません。確かに、「別居」していることなどは、観察場面の「いま・ここ」で聞こえてきたり、みえたりしているものではありません。観察記録はできるだけ、「いま・ここ」における体験を記載するのをお勧めします。ですが、記録を支援に生かしていく過程で、Ａさんが観察場面以外で知っている情報は貴重なものです。

　提案としては、（　）や〈　〉などをつけて明示するという方法があります。記録をもとに支援について自分自身、他の連携相手などと対話をする場合に、実際の観察体験と観察外の情報を混乱させずに活用することができるでしょう。注意すべきことは、観察場面以外での情報によって、目の前の事象のありのままの姿が歪められて解釈されてしまうことです。私たち人間は、情報をもつと、それによってステレオタイプな解釈や個人的な体験からの解釈をほぼ自動的といっていいように作り上げてしまいます。それが理解の助けになる場合もありますが、事実とは無関係な偏見や歪曲を生むこともあります。もちろん、情報を知らないことでも観察場面の事象の理解が偏ることもあります。3人の保育士が観察した、アミちゃんが夢中になる遊びに目を向けない母親の態度は、もしかしたら、日常で、関心を向けてしまうことで、ますます切り替えがむずかしくなるアミちゃんの特性を知っている母親ならではの選択的な行動であるかもしれません。記録するときには、少なくとも、観察されていない情報や観察者の内的体験は（　）や〈　〉などの中に入れておくようにすれば、無意識的自動的な偏見や歪曲、思い込みの可能性をあとから自己との対話や第三者（スーパーバイザーだったり、他の支援者だったり）との対話の中で検討することができるでしょう。

　Ｂさんの記録をみていくと、観察された事象と組み合わされて、評価的表現が頻回に登場することに気づきます。目にしたことを客観的に記録しているつもりでも、こういうことはよくあります。こうした記録を、あらためて読みなおしながら、「評価的表現」のところをチェックしてみてください。たとえば、「悪びれず」「無視」「乱暴」「冷めた表情」「そそくさ」など、否定的なニュアンスがこめられた評価的表現があります。こうした評価的表現を使った自分と、しばし対話をします。「どうして『そそくさ』と表現したかな」「なんか私はこの親に対して否定的だ」などと自分のこころに耳を傾けてみます。

観察記録を前にしたこうした自己との対話は、無意識的に支援関係を歪めたり、支援活動を滞らせたりする要因に気づくのを助けてくれることがあります。精神分析的にいうと、こうしたところに逆転移という現象が起こっていて、支援者自身の養育者や過去の人間関係で繰り返されたことの記憶が影響を与えている場合があります。評価的表現を即否定する必要はなく、むしろ積極的に目を向けて、そこで起こっている自分と観察対象との関係を振り返ってみることです。注意が必要なのは、特に否定的な評価的態度は、観察している事象との関係に、実際に起こっていない葛藤や敵意を作り出してしまい、支援活動を滞らせることがあるということです。もちろん、「かわいそう」「がんばっている」といった否定的ではない評価的表現にも注目していくことが、支援関係への理解を深めます。

　Cさんの記録には主観的体験が混在しています。その中には、Bさんの体験しているような否定的評価も含まれます。こうした個人的な感情や思いなどの内的体験が客観的記録の中に混在する場合、あらためて読み返しながら（　）などでくくってみてください。客観的事象と主観的体験の相互作用に意識を向けることがいっそう容易になります。そして、自分であるいは、他の支援者、スーパーバイザーらと（　）の中の体験について様々な角度から検討をしてみます。Cさんは親子を観察していますが、記録から、アミちゃんのほうにかなり共感的になっていて、母親のほうに不満や怒りを感じていることがわかります。また、アミちゃんの怒りは理解できるけど、その表現のしかたになんともいえないわかりにくさを感じているのも伝わります。こうした（　）の体験に、あらためて「どうしてなんだろう」そんなふうに、自分に問うたり、尋ねてもらったりしてみましょう。

　セラピストとのあるスーパービジョンでこんなことがありました。そのセラピストの記録には、子どもの観察のあとに、自分がうまく関われてない反省の気持ちや自分のありかたがこれでよかったのかという不安が（　）で複数書かれていました。スーパービジョンでそのことを話題にしました。すると実は抱きしめたいほどかわいいと感じていることに気づきます。こうした気持ちが（　）の中に書けなかったことの背景に、このセラピストの人間関係づくりにおける自信のなさや抵抗が存在し、それを無意識に抑圧してプレイセラピーを行っていたことがみえてきました。（　）をたくみに活用した記録は、支援関係や支援活動に無意識的な歪みを生じさせるのを予防し、より自己一致した関わりの育成をうながすことができます。

　対人援助職に対するスーパービジョンとは、支援者として活動していく者が、経験豊かなスーパーバイザーとの関わりの中で、時に教育的な助言や指導、時に心理カウンセリング的な傾聴や支持を受けることで、知識やスキルを身につけたり、さらに磨いていったり、

また、要支援者への理解だけでなく、支援者としての自己について理解を深めていくことができるようになる支援のありかたをいいます。一対一で行われる個人スーパービジョンと、集団で行われるグループスーパービジョンがあります。
　観察者の主観的な思いや感情には、観察時にその場で体験したものと、観察後や記録時にあとから湧いてきたものとがあります。観察しているそのときには、あまり意識していなかったものが、あとになって明確になってくるということがあります。観察しながらこころを同時に動かし、自分のこころに気づいていくことは並大抵なことではありません。初学者は、記録をまとめながら、そういえばこのときこんなことを思ったな、とあとから気づくことが多いでしょう。いずれにせよ、そうしたものの中には、観察している対象が体験しているものが含まれていることもあります。たとえば、お母さんの呼びかけにぐずぐずと反応しないでいるアミちゃんの態度に、なんともいえない抵抗や怒りに近い感情を感じつつも、その表現のしかたにわかりにくさを感じてもやもやしているＣさんの体験は、もしかしたら、アミちゃんの母親が日常でアミちゃんとの関係の中で体験している感覚かもしれません。主観的体験を通して、観察対象のこころを理解するだけでなく、観察している対象がもっている人間関係における心理を推察するヒントを手に入れることができる場合もあります。

　観察記録をもとに、観察者の体験に耳を傾けていきながら、観察者自身の心情の理解だけでなく、観察対象への理解を深めたり、観察対象と観察者の間の支援関係において起こっていることを意識したり、観察対象が日常生活で体験している関係に思いをはせてみましょう。

ワーク6

目 的

ここに紹介する事例は、観察体験によって喚起された観察者の内的な体験を尊重して支援につなげていった過程です。どのように観察が支援活動につながっていくのかをみていきましょう。

事 例

5歳の男児ユキくん。1歳半健診のときに発語がみられず、目が合わないと指摘されました。保育園では同年代の子と一緒に遊ぶことはなく、ひとりで砂場で遊んでいるといいます。担任保育士は「こっちにおいで」と他児たちがいるところにユキくんを誘いますが、彼は砂場でのひとり遊びを続けます。担任保育士は、観察者に「ユキくんはひとり遊びが好きみたいなのですが、来年小学校だし、他児に関心をもたせたり、一緒に遊ばせたりしなくていいだろうかと気になります。養育者も、学校でみんなと同じように座って同じことができるようになってほしいと言っていて、私としては、見守っていていいのか、それではまずいのではないか、介入するなら、どうやって声をかけたらいいか悩んでいます」と話してくれました。保育士が、養育者の気持ちも理解する中で、させてあげたいこととすべきこととの間で葛藤しているのがわかります。また、保育士は、これまで、子どもの状態にかまわず声をかけたり、注意をしたりするのではなく、夢中になっていることから顔をあげたときなどのタイミングを見計らって声をかけてきたという経験も話してくれて、ユキくんへの介入の試みを丁寧に考えながら悩んでいることも伝わってきます。観察者は保育士とともに園庭での遊び場面を観察することにしました。

【観察記録】〔( )内は観察者の内的体験での思いや気持ち〕

　　　　自由遊びの時間になると、ユキくんはスコップに砂を入れると上から下に落とすという動作を何度か繰り返している。観察者は、邪魔にならない程度の距離まで近づくが、ユキくんは気づかないのか、砂を落とすということに夢中。口は一文字、表情は動かない。（夢中？いや、楽しいという感じでもない。にぎやかな園庭ではなく、ひとりきりのどこか別の世界にいるみたい。満足感と同時に寂しさを感じる。これ、保育士が感じていたことか

な）スコップに砂を入れ、上から下に落とすというユキくんの一連の動作にはあるリズムがある。「ざくっ、さらさらさら」といったリズムの繰り返しで、ユキくんの世界に入れない感じ。介入するタイミングがつかみづらい。強引じゃなくて側にいることを伝えたい）観察者は、この音を口にしてみた。（ひとりきりの世界を傷つけたくなくて、小さな声で）しばらくして、別の幼児が転んだのに観察者が驚いて対応してから、ユキくんを振り返ると、ユキくんの手がとまっている。観察者が向き合うと、ユキくんが再び砂を落とす。合わせて「ざくっ、さらさらさら」と声を出す観察者。すると、ユキくんは、スコップに砂を入れたところで一瞬手をとめた。観察者も「ザクっ」でとめた。ユキくんが砂を落とす。観察者も「さらさらさら」と言う。横にいた保育士がそれを目撃し、興味をもって近づく。（ユキくんは、ひとりぼっちの世界にいるのではない。ユキくんの世界との接点を見つけた感じ）

ワーク（一人であるいはグループで体験するプロセス）
- 保育士はユキくんに対してどんな気持ちをいだいていただろうか、それは支援活動にどのような影響を与えるだろうか。
- あなたがこの場に観察者としていたら、どんな気持ちを抱くだろうか。また、その気持ちを通してユキくんについてどのような理解をしただろうか。
- 観察記録をもとに、自分であったら、ユキくんの変化に、どのようなストーリーを作っていくだろうか。

【観察記録をもとにした対話】（観察者の観察直後、メモをもとに実際に保育士たちと対話をしたプロセスを一部改変して紹介します）

　　観察者はユキくんのひとり遊びをみていて、自分の中に湧いてきた思いや気持ちを保育士たちと共有し、「どうしてそう感じたのだろうか」と観察者自身と同時に保育士たちに問いかけます。担任保育士は、自分の中の葛藤が自分だけが味わっているのではないんだということに安心感をもったといいます。すると他の保育士も、「なんか一方的に彼の遊びをとめられないって気持ちになるよね」と共感してくれました。一方で、ユキくんをみていて、「夢中って感じきれないのはどうしてなんだろう」「満足してるわけではないのかな」「そう感じてしまったのはどうしてなんだろう」そんなことも共有していると、担任保育士が介入のタイミングを見つけようとして結局何もできてこなかったことを他の保育士が、「すぐにこの行動を変えてしまいたくないって、思っていたんでしょうね」と寄り添った発言をしました。担任保育士も「なんか、こっちでタイミングを見計らって声をかけるのが乱暴だって思ったのかな」と振り返ります。自分の中の

体験を安心して話し合える場ができてきたことが、こうした発言や、その場にいる保育士たちのうなずきの回数からわかります。

つぎに、観察者が口に出した擬音について話題になります。「確かにそういうリズムがあるけど、その音って自然に出てきたんですか」「小さい声で言い出したのはどうして？」。観察者も自分の中に目を向けて振り返ります。すると、「直感的なものを軽視しなくていいんだね」と言ってもらったり、声のトーンを小さくしたことへの共感の声も出てきます。担任保育士がふと、「私、ユキくんとなんとかつながりたいと思っていたんだなあ」と自分に言うようにつぶやきました。「だけど、ユキくんを自分がいる世界に連れ込もうとして、ユキくんを変えようとしていたのかも」と言うのです。「だけど、大人の思いだけから、子どもを変えようとすることは違うんではないかって思っていたんだろうね」と他の保育士が担任保育士の葛藤について言葉にしていきます。「子どもを変えたくなるときって、大人の都合が多いのかもしれない」 そんな言葉が他の保育士からも出て、みんなでうなずき合います。担任保育士が言います。「ここでのユキくんの変化って、大人の働きかけで起こったのではないんですよね。ユキくん自身から起こった。こういう支援をめざしたいと思ってきたから、こういうのいいなって考えていました」と。この後も、支援につなげる対話は続きました。

ユキくんは、自分だけの世界にいることの心地よさもあったのでしょうが、決して、外界を回避していたわけではなく、ただ、接点を見出せなかったのだろうと理解をしていきました。また、変化を求めるときは、大人側からの一方的なやり方よりも、子どもと大人が一緒になってつながり合う接点のありかを探し合うことができるといいことを見出しました。その後、ユキくんは自分のペースを大切にしつつも、自分の世界とこちらの世界の接点の存在にも興味を抱いていき、次第に、一緒に何かをするということが増えていきました。

解 説

観察をしているときに、観察者がこころを自由に動かしていることが支援へのヒントを提供してくれることに気づきます。また、支援において、しばしば変化を求めようと一方的になりがちですが、子どもにとって意味のある変化、成長につながる変化は外界からの働きかけで起こされるものではなく、子どもの側から生まれるためにも、観察の中で、大人と子どもがつながる接点を見出していける可能性を重視したいと思いました。

ワーク7

目 的

　ここでは、観察体験を支援につなげる過程で、うまくいかない体験をしたケース（実際にうまくいかなかったいくつかのケースから架空のケースを作成）をみていきながら、観察を支援につなげるうえで留意しておく必要があることについて、あらためて意識をしていきたいと思います。

事 例

　小4の女児スミちゃん。登校渋りがつづき、最近はほぼ教室に行かず、保健室にいて、しかも、他児と交流することもないといいます。観察者はこの学校に専門家支援として巡回で来校し、この児童を担任とともに観察しました。後日、スミちゃんの養育者と担任は観察の内容にもとづきながら、面談をしました。養育者は、スミちゃんの自己評価の低さ、また、他児と関われず、固まってしまうことをとても心配しているということが事前にわかっていました。

【観察記録】〔（　）内は観察者の内的体験での思いや気持ち〕

　　スミちゃんは、後ろのドアから教室の中に入ろうとするが、中で複数の児童がいて朝礼をしているのを一瞥しただけで、背中を向けて、空いている会議室に行った。そこにも、他の教室に入れないでいる児童が2名いた。スミちゃんは、端の机と椅子をみつけて着席し、ぼおっとしている。この日、会議室を担当する教員から「ドリルをやったら」と何度か言われてやっと、ランドセルからドリルを出したが、そのまま、ぼおっとしている。それからチャイムがなるまでの約20分間、姿勢も動かず、表情もなく、同じ会議室にいる他児とも交流しない。（スミちゃんの中が、空っぽな感じ）途中、会議室に顔を見せた担任が声をかけるが、目を合わせない。（緊張が高いな）観察者は、離れたところからの観察を続けていたが、他児に話しかけられ、会話をしているところにスミちゃんの視線を感じた。しばらくすると、スミちゃんは、筆箱を取り出してドリルにとりかかった。鉛筆の持ち方はきちんとしていて、問題も素早く解いているが、回答しているところをみえないように、上体と両腕で隠している。（間違っているのをみられるのが、恥ずかしい？　言われたことをしているのをみられるのがいや？）

　　ドリルを終えると、教員から「この間途中までしかできなかった国語の宿題をやろう

第4章　観察者の「主観性」を意識したワーク

か」と言われ、プリントが机の上に置かれたが、スミちゃんは身動きしないで、身体を前後にゆすりだす。どうしたのかをみると、声を出さずに泣きだした。教員も気づき、「いやなの？　そう言えばいいのに」と言われていた。その後、「何かしたいことある？」「工作する？」と教員が次々と声をかけたが、スミちゃんはこぶしを握ってモモの上で軽くバウンドさせながら泣き続ける。（さっきの空っぽさと全く違う。わかってほしくてわかってもらえない悔しさが力強く伝わる）思わず観察者は、そばにより、バウンドに合わせて首を揺らし、「うんうん、なんかあるんだよな」とつぶやいた。5分ほどすると、スミちゃんは、視線をあげて、工作の材料が入っている段ボールのほうをみた。スミちゃんの視線を追っていた観察者の目に気づくと、スミちゃんは、工作の道具を段ボールから取り出して、観察者にみえるようなところに見本を広げ、「作るのね」という観察者の声に、かすかに首を前後に揺らした。スミちゃんは、ときどき視線を見本と観察者に向けるので、観察者はそのたびに目を合わせて黙ってうなずいた。その後も集中してとりかかり、給食前には見事な動物モービルを完成。すぅっと、観察者のほうにそれをみせてきた。（自分からみせてくれた！）

【観察後の担任や他の教員とのやりとりと養育者との面談のその後】

　観察後に観察者は教員たちと観察での体験についていくつか共有しました。それは、スミちゃんの緊張がとても高く、他者の視線を避けたがるが、後半のほうでは視線を合わせられたり、うなずきでやりとりができたこと、また、ドリルにとりかかっているときにはみられないようにしていたが、自分から始めた動物モービルの工作は完成後、観察者にみせてくれたこと、そして、ぼおっとしていたり、言われないと動けなかったりと意志が弱そうにみえていたので、こぶしを握って涙を流す姿には強い意志を感じたこと、についてです。担任や他の教員は、しきりにメモを取り、自分たちがみてきたスミちゃんと同じ様子を観察者が体験したことに深くうなずく一方で、涙のシーンについては、どう理解していいかわからずにいることが伝えられました。

　こうしたことを共有したのち、担任は、母親との面談に臨みました。面談では、「集団に入れないこと」「ぼおっとしている時間が長いこと」「ドリルを隠しながらしていること」「国語の宿題はできなかった工作には自分からとりくめたこと」「途中でやりなさいと言われたことができずにこぶしで自分をたたきながら泣いたこと」など観察者と自分を含めた教員たちが共有した情報を伝えました。母親は、黙って聞いていましたが、終始心配そうな表情をしていました。

　この面談のあと、担任から、母親より以下のような連絡をもらったという話が観察者にありました。母親は、観察の報告にショックを受けていたといいます。母親曰く、心配していた予想通りの姿だったというのです。そして、母親自身が小さい頃から友だちがいないし、人と関わらず、自己評価も低くて何事にも自信がないこと、そういう自分が嫌いで生きているのがつらかったということを語り出し、子どもには、そうならない

ようにしつけようとしてきたのに、この子もそうなってしまうのだと思うとひどく落ち込んでしまったということでした。その後、母親は担任との面談をキャンセルしているといいます。

ワーク

観察での体験を母親との面談に生かし、スミちゃんへの支援につなげようとしているプロセスで、いったい、何が起こっていたのでしょうか。このようなことにならないために、どんなことを意識しておけばよかったのか、また、今からでもできることはどんなことであるのかについて、考えてみてください。

解説

観察は丁寧に行えていました。また、観察後に観察者は、率直に自分がみた観察や主観的体験についても教員たちや担任とも共有しているようにみえました。対話ができたかというと、やや一方的な情報の伝達が多かったように思われます。しかし、他には、いったい何がよくなかったのでしょうか。

研修でこのワークを実施したときに出てきた意見を大きくまとめると2つのカテゴリーに分類できました。ひとつは、「観察した中のどんな内容を伝えるか」、ふたつめは「やりとり（対話）を尊重して共有できるか」ということです。

①どんな内容を伝えるか

観察の情報は無数とまでいかないとしても、かなり大量にあります。その中から何を伝えることが支援につながるか、という選択においては、まず、この子の状態（何が今、課題で、どんな強みがあるのか）を適切に把握する、という観点が重要です。でも、小学生以下の場合には、それと同じくらい、養育者が何を心配し、何を必要としているかという観点を意識しておかないと、観察体験をうまく生かせないことがあります。観察前にそのあたりの養育者の思いを傾聴し（このケースでは一応していたはずなのですが）、できたら、観察場面でも、養育者の気になっていることに関わるところを丁寧にみて、報告する（たとえば、人との交流やコミュニケーションの側面に関して、言葉でのやりとりは積極的ではなくても、目を合わせたり、うなずいたりといった形で、思いをやりとりしようとする意思表示が初めて出会った観察者との間でさえできていたこと、人を避けたり、信頼してないのではないという印象をもてたこ

と、など）ように心がけてみることができるでしょう。観察者の内的体験は、もしかしたら、養育者自身の個人的課題にも目を向けさせ、理解してもらえなかった自分の体験を異なる観点から見直し、癒されていく機会につながる場合もあります。

　また、子どもの状態、養育者が気になっていることとともに、観察者が気になったことについて、伝えるということがあります。これには、慎重さが必要です。養育者や子どもがまだ心の準備性がない時点で直面化させることで、防衛や抵抗を強固にさせてしまうことがあるからです。もし、母親が、こぶしで自分自身をたたく子どもの様子を心配し、そのことについて意識を向けていたら、観察者のほうから、観察時の内的体験を交えて、伝えてみることがあります。たとえば、「ぼおっとしているときとは全く違って、中身がある感じ、まるで、わかってほしくてわかってもらえない悔しさを力強く訴えてくるようだった」などと。もしかしたら、母親自身も味わったことのあるわかってもらえないという自分や他者への悔しい思いというものをよみがえらせ、スミちゃんへの理解を深めるきっかけとなるかもしれません。

②やりとりを尊重して共有できるか
　観察したものの記録に基づく対話の重要性は第1部で繰り返し述べました。この対話には、観察者自身との対話、一緒に観察したり支援を行ったりする仲間たちとの対話、そして、要支援者との間の対話があります。対話という文字を見てもわかるように、一方向で話をするのではなく、双方向で対等に耳を傾け、応じるといったやりとりを意識します。この母親の面談後の言葉から、自分自身の子どもの頃の体験と重ねてスミちゃんをみていることがわかります。スミちゃんに関する報告は自分に対する言及と混在して心に届くことになったのでしょう。対話においては、情報を伝えるだけでなく、それに対してどう思うか、どう感じるかといった内的体験も交えて相互に傾聴し合うことも重視します。観察後にもう少し時間をとって観察者と教員たちや担任とが対話をしていたら、母親が過去に味わってきた排斥感や自己評価の低さについても目が向けられ、母親の傷つきに対してもう少し配慮をしながら観察体験を対話する工夫ができたかもしれません。実はさらにあとになってから、スミちゃんの母親は、面談で自分の足をこぶしでたたく様子を聞いて、「家で私がたたいたりしていると思われたのではないか」と受け取り、悩んでいたということもわかりました。やりとりの過程でも、相手を観察しながら、情報を伝達するというだけではない対話を心がける必要性をあらためて感じます。前述したように観察者の抱いた思いを慎重に伝えたり、養育者にその場で「これを聞いて、どんなふうに思われました

か」と尋ねてみたりすることが、観察を支援につなげる橋渡しとなりうるのです。

　第1部で論じてきたように、観察体験について自分で、そして支援者の仲間同士で振り返り、客観的事象と主観的体験、観察場面での文脈や観察場面外の情報なども統合させるプロセスこそが支援への橋渡しとなります。対話をすることで、同じ情報を伝えるための言葉が豊かになり、思いやりのある言葉の選択ができるようになることがあります。それは、同じ事象をみていても、見方が違い、表現の仕方が異なることを対話の中で体験するからです。対話の中で、情報を生かせるように伝える言葉を選択する意味を見出すようになるからです。思いやりのある言葉を選ぶことで、情報を活用しやすくするのを助けるのです。

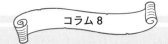

ほどよい子育て
【Good enough parenting】

　「こころの痛み」を与えないような養育が必要なのでしょうか。いえ、「こころの痛み」を体験することは避けられません。精神分析家・小児科医のウィニコット（Winnicott, 1965）は、「ほどよい（good enough）子育て」であればよいといっています。つまり、養育者は、「赤ちゃんを完璧に理解できる理想的な子育て」をしなければならないのではなく、赤ちゃんは「ほどよい」養育を受けることで、健康に育っていくというのです。では、「ほどよい」というのはどういうものでしょうか？

　この問いに対して、発達研究者のトロニック（Tronick, 2007）の研究結果が参考になりそうです。トロニックによると、健康な母子関係における一致したやりとり（わかってもらえる安心）は約30％にすぎないとされています。多くの人は「えっ！30％でほどよいの！」「70％も噛み合わなくて大丈夫？」とびっくりされるかもしれません。

　もし、「わかってもらえる安心」しか経験できていない場合、赤ちゃんは、「自分が思ったことは口にしなくても、伝わる」といわば超能力者のように世界を認識し、「他者＝自分」と誤認してしまいます。そのような理想的体験だけを積み重ねてしまうと、赤ちゃんは万能感を膨らませ、言葉や相手の気持ちを理解しようとする能力が発達していかないでしょう。

第4章　観察者の「主観性」を意識したワーク

一方で、虐待やネグレクトなどの「わかってもらえない不安」の質・量があまりにも多すぎる場合、次のような状況になります。泣いている赤ちゃんに対して、養育者は、「また泣いている」とうんざりする気持ちや怒り、「どうしよう……もう関わることができない」と無力感で圧倒されてしまう気持ちが湧いてきます。その結果、赤ちゃんを安心させるどころか、実際に生命の危機をもたらしかねない行動をとってしまうこともあります。赤ちゃんは、喜怒哀楽の表現が乏しくなることが常態化してしまい、泣くことすら諦めてしまうといった無力感を常日頃感じるようになります。そして、「発達性トラウマ」など心身の発達に大きな悪影響を与えてしまいます。

　これらのことから、赤ちゃんは、養育者に「わかってもらえる安心」だけでなく、「自分とお母さん（お父さん）って違うんだ」という「わかってもらえない不安」をバランスよく経験していくことが、健康的な心身の発達には必要不可欠だといえます。

第5章
「乳幼児観察の応用」によるワーク

ワーク8

目 的

　ワーク8、9、10では、乳幼児観察を行った観察者（Nくん）の体験をもとに、観察を支援の現場にどのように生かしていくかについてみていきます。事例は、Nくんが実際に体験した観察をもとに架空のものとして修正加筆しています。読者が、観察者と一緒に観察している気分になれるように、挿絵としていくつかのイラストを入れています。ここでは、子どもと一緒の空間にいることをイメージしながらワークをしてください。観察回数は主に1〜3回と短いものとなっていますが、実際の現場では長い期間を経て、子どもたちに成長や変化がみられます。ここでは、子どもの成長や変化がみられる転換点を圧縮した形として提示します。

　なお、ここでの観察者は、子どもの支援者を支える支援者ともなりうる存在です。実際の現場では、心理カウンセラー、コンサルテーションのコンサルタント、あるいは巡回相談員などと呼ばれる立場になります。まずは、ワークをしてから、M先生の最後の解説を読んで、さらにブレインストーミングを体験してください。

背 景

　4歳女児のミホちゃんを観察しています。観察者は1か月に約1回程度、保育園に訪問して観察を行っています。事前に知ることができた情報は、ミホちゃんの性格が「引込み思案」であること、最近、妹が産まれたばかりで、お母さんは赤ちゃんにかかりっきりで、園への送迎はお父さんがしているということ、でした。

【初回の観察状況と担任と観察者とのやりとり】

〔「　」内は発話、〈　〉内は観察者の内的体験での思いや気持ち〕

　　ミホちゃんは、時々、園を訪れる観察者を物陰からチラチラとみて、様子をうかがってくることが何度もありました。

　観察者がミホちゃんをみると、ミホちゃんは、観察者にちらっと目を合わせ、観察者と目が合うと、さっとはずし、また、ときどきちらっと観察者をみています。警戒してそうでいて、少し興味をもっているように感じました。観察者は、〈気になるけど、近づく勇気はないから、距離を置いてみているってことかな〉と思い、目が合う瞬間、軽く微笑んでみました。

　ミホちゃんが、担任の先生（30代女性）のところにハグを求めに行ったり、担任の先生の袖をちょんちょんと引っ張って遊んでいた場所まで付き添ってもらったりする光景を観察者は複数回、目撃しました。同じクラスの子たちと一緒に遊ぶことはなく、ひとりでお絵描きをしたり、絵本を読んだりすることが多いです。担任の先生はミホちゃんに求められることを特に拒否することはなく、気持ちよく応答しています。

　観察後のコンサルテーションで、担任の先生からこんな話を聞きました。「(私が)少し離れただけで、泣き出したりすることがあって……たとえば、事務所に用事があって数分離れるだけでも、『アーン』ってぐずって大泣きをして……私の休憩時間とかシフトの関係で平日が休みのときには、代わりに別の先生が入ってくれてもまったくこころを開かないし、クラスの活動に参加しようとせずに、部屋の隅っこでジッと固まったり、『ママに会いたい』からとすぐにでも帰ろうとしたりして、手に負えないみたいなんです」。観察者は、「そういった落ち着かない不安定な姿を先生自身は直接、みたことはありますか？」と尋ねると、担任の先生は、「たまーに、気持ちが崩れて抱っこを求めることはありますが、そこまでひどいのはみたことはないですね……私がいないときにひどいみたいで、ミホちゃんに申し訳なくって」と複雑な表情です。観察者は、「ひょっとして、平日の休みの日とかにも、ミホちゃんのことが頭をよぎったりすることがありますか？」と尋ねました。すると、担任の先生は、「あるんです……大丈夫かなとか、あー今頃泣いて、もう帰るって言っているのかな、とか」と言います。ミホちゃんから離れることに対して罪悪感を抱いている様子がうかがえました。

ワーク（1）

　あなたが観察者であるとして、イラストを参考にしながら、①初回の観察でミホちゃんや担任の先生がどのような体験をしているかを記述してみましょう。また、②観察者としてのあなたはこの場面で、どのようなことを感じたかについても記述してみましょう。

【2回目の観察状況と担任と観察者とのやりとり】

〔「　」内は発話、〈　〉内は観察者の内的体験での思いや気持ち〕

　　　1か月後の2回目の観察時に、観察者はミホちゃんがひとり他児の集団から離れてお絵描きをしている様子をみていました。観察者はミホちゃんの描く絵をみてみたいので

近づきたい気持ちになりました。

　でも、急に近づいてミホちゃんを驚かせたり、戸惑わせたりはしたくない気持ちもあります。そこで、ソーっと一歩接近をしてみました。ミホちゃんは観察者をチラリとみます。〈侵入的でないかな。不快ではないかな〉観察者は止まりました。ミホちゃんはそれを見届けると、再びお絵かきにもどりました。観察者はまた、ソーっと一歩近づき止まりました。ミホちゃんは、観察者をちらりとみて、また絵に向き合います。数回こんなことを繰り返すうちに、ミホちゃんは特に振り返ることをしなくなりました。観察者は、〈この距離なら絵をのぞいても大丈夫かな……？〉と、この距離感を維持したまま、ミホちゃんのお絵描きの様子に目を向けました。ミホちゃんが描いていた絵には、お父さん、お母さん、お母さんに抱っこされている赤ちゃん、ミホちゃんと同じくらいの女の子の4人が描かれていました。

黙ってみていると、ミホちゃんは絵をみながら、「今、ママは赤ちゃんのお世話をしているの。だから、お姉ちゃんは頑張んなきゃいけないの。パパはひとりで寂しそうなの。でも、お姉ちゃんが一緒にいて、たまに遊んであげているの」と誰に対してというのでもなくポツリポツリと絵について語り出しました。それを聞いていると、〈なんか……ミホちゃん、お姉ちゃんとして頑張っているんだろうな……〉と、頑張るミホちゃんのこころの中に寂しさがあるのではないか、と観察者は感じました。そして、〈そうか、家では、ミホちゃんの気持ちはお父さんと分かち合えているのかもしれない。だけど、保育園では、そうした気持ちを担任の先生と分かち合おうとしているのかも。だから、担任の先生がみえなくなったら、ミホちゃんは寂しい気持ちにひとりで耐えられなくなって、苦しくなっちゃうのかな……〉という思いを抱きました。観察者はミホちゃんと一緒の空間で観察を続けながら、そんな思いをもったとき、ミホちゃんは突然、観察者のほうをみて、手招きをしてきました。まるで「こっちにおいで」というように。観察者は、ミホちゃんの誘いに応じて近づき、「ひょっとして、一緒に遊んでくれるの？」と伝えると、ミホちゃんは「うん」と笑顔でうなずきました。

　観察後の担任の先生とのコンサルテーションで、観察した出来事と観察者が体験し、思ったことや感じたことを伝えました。担任の先生は、「あー確かに……」と言いました。続けて、「そういえば、ちょっと前に『先生ずっといてね』って確認してきたことがあったんです。どういう意味なんだろう？と思っていたのですが、今の話を聞いていて、腑に落ちました。ミホちゃんが友だちと遊べないこと、他の先生にこころを開かないこと、甘えん坊な行動をとることにばかり目がいっていたけれど、お話をうかがっていたら、ミホちゃんの気持ちがみえてきました」とうれしそうでした。

　そして、担任の先生は、観察者と話しながら、「タイミングを見つけてお母さんに家でのミホちゃんの様子を聞きながら、ミホちゃんの気持ちについて共有してみようかしら」と言いました。

ワーク（2）

　あなたが観察者であるとして、イラストを参考にしながら、①2回目のミホちゃんとあなたの関わりについて、あなたの中に出てきた気持ちや思いを記述してみましょう。また、②この観察場面のやりとりのあと、「かわいそう」「申し訳ない」という気持ちでいっぱいだけれど、誰に対してどのように動けばいいか悩んでいた担任の先生は、お母さんに対してミホちゃんの気持ちを一緒に考えて共有してみたいと思いだしています。こうした姿勢が担任の先生の中に生まれたのは、どうしてか想像してみてください。

【その後】

　ミホちゃんは徐々に担任の先生から離れていても、少しの時間であればぐずったりせず、遊びを続けられるようになり、他児と一緒の活動にも参加できる回数が増えていき、ついには担任がいない日でも特定の他児と遊べたり、クラス活動にも加われるようになったりする様子が観察されました。担任の先生は、赤ちゃんを抱っこして送迎にきたお母さんと、ミホちゃんの気持ちについてやりとりするようになりました。お母さんは、「下の子が産まれると、赤ちゃん返りすることがあるって言うじゃないですか。ミホはそういうことがなくて、むしろ、お手伝いをしてくれたり、赤ちゃんが泣いていると教えてくれたりして、お姉ちゃんを率先してやってくれていて助かっていると思っていたので、先生とミホの気持ちについて話をさせていただいて気づけました。無理させていたのかもしれないって。もうちょっと甘えさせてあげることもしたいって今は思っています」と話されました。

M 先生の解説

　イラストを参考にしながら観察場面をイメージしたワークはいかがでしたか？　観察で「みる」ものは、目の前の目にみえている観察対象の存在や行動だけでなく、観察対象の内的体験、および観察者自身の行動や内的体験も含まれていることがわかったでしょうか。特に、観察対象である子どもとの距離を観察者が縮めていくプロセスへの観察記録に目を向けてください。子どもが好きだからといってすぐに距離を縮めてしまう大人は少なくありません。

　この観察者（Nくん）は、ミホちゃんを観察しながらも、自分の中に湧いてくる気持ちをも観察し、丁寧に距離を縮めていこうとし、それについて記載していました。こうした関わりのプロセスの共有は、しばしばこころに余裕を失いかけている現場の忙しい支援者たちのこころに穏やかなスペースを作ってくれることがあります。

　また、2回目の観察後のやりとりのあと、担任の先生が支援を展開できた背景に、観察者が率直に自分の中に浮かんできた体験を共有したことが大きかったであろうことがわかります。観察者の体験はおそらく、担任の先生もなんとなく感じられていたことだったのだと思います。観察者が自らの体験をありのままに言語化することによって、担任の先生は観察者に共感できたのでしょう。でも、それだけではありません。担任の先生は、観察者から共感してもらえているという感覚も味わうことができたのだと思われます。この体験は、担任の先生の主体的な支援力を支えていきました。実は、この担任の先生はこれだけでなく、平日に保育園を自分がお休みするときは、前日に「明日はお休みだけど、明後日は来るからね」とミホちゃんに具体的に予告することもしてみようと観察者と話し合えたといいます。こうした支援は、ミホちゃんの寂しさをわずかばかりでも軽減することを可能にしたものと思われます。

　観察者が、観察できた現象から現場の支援者に、「こうしてください」と一方的に伝えるのではなく、観察事象と、そこで体験した観察者の体験を共有することで、一緒に考えていき、それによって、現場の支援者の気づきを促して、主体的な支援につなげていくことができます。

ワーク9

背景

　5歳男児のマヤくん。マヤくんは、やんちゃな子で落ち着きなく、常に大きな声を出して主張したり、部屋の中を走り回ったり、友だちにちょっかいをかけたり、友だちが作っていたブロックを壊したりしてトラブルやけんかになったりすることが多いそうです。先生たちの話によると、マヤくんの家は、両親とマヤくんの3人家族だそうです。ただ、両親の仲は悪く、時には暴言や物が飛び交うこともあるという情報が観察前にありました。

【初回と2回目の観察状況と担任と観察者とのやりとり】

〔「　」内は発話、〈　〉内は観察者の内的体験での思いや気持ち〕

　　観察者は、集団活動の時間なのに、勝手に空いている部屋に行って、電気もつけずにひとりで絵本を読んでいるマヤくんを、2回の観察の中で複数回目撃しました。集団活動の場でも他の気になる幼児を観察していたため、勝手に移動するマヤくんを何度も見失ってしまいます。〈「またかぁ……」と、ややうんざりする気持ちで〉マヤくんのもとに移動します。担任の先生たちも「あれ？どこいっちゃった？」と集団活動の場から離れて、マヤくんを探しまわることが何度もありました。
　　そんな担任の先生たちの口からは、「どうしてみんなと同じ活動に参加できないの？」というつぶやきがもれてくるのが聞こえました。そこで観察後のコンサルテーションで、

　観察者から、「マヤくんを観察していたら、少し言いづらいんですが、もういい加減にしてくれって、ちょっとうんざりする気持ちを抱いてしまったんですよね。先生たちは、マヤくんと関わっていてそういう気持ちを抱いたりすることはありませんか？」と尋ねてみました。すると、先生たちは口をそろえて、「それ、すごい感じています」と言い、「あーもう無理、誰か来てって言いたくなることはしょっちゅう」などと、まるでこれまで胸の中に抑え込んできた気持ちを吐き出すように話してくれました。
　そして、ある先生が、「うんざりしてしまうマヤくんの様子を、親にどう伝えたらいいのかいつもむずかしいなと思っています。うんざりしてしまうなんて絶対に言えませんし、問題があるなんて伝えたら、両親の怒りがマヤくんに向かってしまうんではないかと心配になって……」と話してくれました。先生たちは両親とのコミュニケーションにフラストレーションをかかえ、八方塞がりのように感じていることが観察者と共有されました。

ワーク（1）

　観察者であるあなたが、観察していて感じたことや思ったことを率直に話したことが、どのような影響を担任の先生に与えたと思いますか。

【3回目以降の観察状況と担任と観察者とのやりとり】

〔「　」内は発話、〈　〉内は観察者の内的体験での思いや気持ち〕

　　ある日、観察者がマヤくんを観察しようと思い、ひとりで絵本を読んでいる部屋に入ろうとすると、マヤくんが「ダメ！入ってこないで！！」と強く拒否しました。マヤくんの表情をみると鬼の形相を浮かべるように睨んでいます。目を向けるだけでも許されない感じです。観察者は、〈これは放っておいたほうがいいな〉と思い、彼の要望に沿うことにしました。こういうことはそのあと数回ありました。こういったやりとりをする中で、観察者は、マヤくんの放っておいてほしい、侵入されたくないという気持ちを尊重したいという思いと、どうしてひとりでいるんだろう……ひとりにさせるのも寂しい感じがするという後ろめたい気持ちも感じ、葛藤を抱いていました。そこであるとき、「みるだけならいい？」と思い切って提案しました。何度も拒絶されましたが、たまに、うなずいてくれることがありました。

　　そこで、はじめは部屋の入口の引き戸の境目あたりから、少しずつ彼のいるところに近づいていき、やがて1〜2メートル後ろのあたりまで近づけるようになりました。そんなときに、観察者は次のような気持ちになりました。〈この部屋は静かだな……マヤくんが絵本をめくるときの紙と紙が擦れる音だけが響き渡る……どことなしか安心する……そういえば、彼が家にいるとき、こうやって絵本を落ち着いて読む時間はあるんだろうか……両親は顔を見合わせればけんかばかりで、彼は騒々しい中で不安になってるんじゃないか……ひとりになって絵本を読むのは、安心や落ち着けるようになるために必要な瞬間なんだろうなあ……〉

　　その後のコンサルテーションで、観察を通して観察者の中に生まれた考えを担任の先生たちに聞いてもらいました。すると、「なるほど……確かに、集団活動のときって騒がしいですもんね……それに、自分のやりたいことじゃなくて、周りに合わせなければ

いけなくて、我慢もしなければならないし。家でもたくさん我慢を強いられている今のマヤくんには、園でも我慢をするっていう状況はかなり苦しいかもね」といった気づきが先生たちから語られました。そして、観察者とともにマヤくんにとって「静かで安心できてありのままにいられる場所」をできるかぎり大切にすることを共有しました。

ワーク（2）

観察者としてのあなたは、①「入ってこないで」というマヤくんに対してどんな気持ちを抱くでしょうか。そして、どのような行動をとろうと考えるでしょうか。正解があるわけではないので、自由に思いついたことを記述してみましょう。②マヤくんに近づきたくなった観察者としてのあなたは、どんなふうにマヤくんに声をかけるでしょうか。

【その後】

担任の先生たちは、できるかぎり彼が選んだ別室での時間を尊重するようにし、ただ、「気が向いたときには戻ってきてね」と伝えるようにしました。当初、それに対してマヤくんは、「うっせぇー」と叫んでいましたが、徐々に、集団でやっている遊びに興味をもつと、別室から出てきて参加し、興味のあるゲームに勝つことも出てきました。あるとき、得意だった椅子取りゲームでマヤくんは負けてしまいました。これまでなら、癇癪を起していましたが、彼は悔し涙を浮かべたものの、大暴れすることはなく、そっと別室に消えました。

担任の先生たちは集団の場から離れたことをとがめることなく、彼がそのあと自分から出てくるまで待ちました。担任の先生は、「悔し涙を、他の子の前じゃ見せたくなかったんでしょう。でも、我慢もしたくないから、消えたんですね。そう思うと、なんだか、可愛らしいなって思えます」と語りました。この先生は、マヤくんの行動に目を

向けてきて、どう変えようかと悩んでいた先生でしたが、マヤくんの生きている状況を想像するようになって、マヤくんの気持ちに言及することが増えていきました。しばらくすると、マヤくんは様子を見に来た担任の先生に絵本を渡して「読んで」ということも言えるようになりました。担任の先生と一緒の時間をもてるようになったことがきっかけとなり、マヤくんは特定の友だちと遊べるようにも少しずつなりました。時折、暗い部屋の中でひとりになって絵本を読むこともありましたが、自分のタイミングで、集団活動に参加することもできるようになりました。

M 先生の解説

　イラストを参考にしながら観察場面をイメージしたワークはいかがでしたか？　ここでは、マヤくんの体験を観察者の内的体験を通して理解していこうとし、さらに、そうしたものを担任の先生たちと共有することで、観察を支援につなげていくプロセスがみられたと思います。

　観察者の体験をみていきましょう。観察者が、ありのままに自覚した自分の気持ちや思いを伝えることで、担任の先生たちがありのままに自分たちの体験を吐露していくのを助けた様子がうかがわれます。支援者も人間です。支援の現場で、要支援者に対して、ネガティブな感情を抱いてしまうこともあります。そして、「親が子どもを可愛くないと思ってはいけない」とか「支援者は子どもに対してうんざりしてはいけない」と思うことで、親や支援者が追い詰められ、自己嫌悪に陥ってしまうことがあります。こうしたことが、心理的余裕を奪い、支援対象の内的体験へのイメージを広げて理解を深めるのを妨害してしまう場合が少なくないのです。最も怖いのは、こうしたネガティブな感情や思いを無意識に抑圧してしまい、自分がそうした体験をしていることに気づかないことです。知ら

ず知らず支援対象への理解を歪め、それによって支援活動が滞ってしまったり、最悪の場合、支援者から子どもに虐待をしてしまったりすることがあります。こうした感情や思いは、否定することはないのです。現にこの観察場面をみてください。観察者の率直な共有によって、ワーク6でも同様のことがありましたが、その場にいた担任の先生たちがそれぞれに自分に正直になり、共感し合う体験をもつことができました。それによって、担任の先生たちは、他にもこころの中に存在している正直な思いや気持ちに目を向けていけるようになったようです。自分たちがいったい何をしたいのか、何が心配なのかを言語化し、さらに共有が深められていきます。

　第1部でも説明しましたが、PCAでは支援者の自己一致という体験、つまり、自分にうそをつかず、自分が体験しているものをそのまま、ありのままに受け止める姿勢、そしてそれが相手にもみえていることが要支援者が自己受容していくのを支えていくのだと考えられています。精神分析では、支援者自身が体験する逆転移に支援のヒントが隠されていることがあると考えます。ここでは、観察者がありのままに「うんざりした」ということを、ためらいつつ表明することで、他の支援者たちも自分の内的体験に正直に目を向けるようになれました。

　また、観察者はマヤくんの内面の静寂と園の集団活動における騒々しさのコントラストを五感を通して観察をしながら、自分の内的体験に目を向けていきました。観察において五感が自由に動いていることの大切さを実感する体験です。この観察を通して、子どもにとっての「安心できる場所」というものがいかに重要であるかについての思いを先生たちと共有できたことはとてもよかったことです。集団生活の中には、「ねばならない」ということがあふれています。でも、我慢をして「ねばならない」に参加していくには、まず、「安心できる場所」が保障されていることが必要であるという観点の共有は、その後の、マヤくんの自発的な変化を促していったのではないかと思われます。

ワーク 10

> **背 景**

　3歳女児のリンちゃん。リンちゃんは、見た目や立ち振る舞いから年齢よりも幼くみえ、担任の先生たちは、「いわゆる癒し系。可愛いですね」と評しています。3人きょうだいの末っ子で、兄姉はリンちゃんより10歳以上年上です。両親は久しぶりに子育てをしていて、リンちゃんが欲しいと言ったおもちゃはすぐに買い与えるなど、先生たちからみると、「大分、甘やかしている」という印象を受けます。保育園で朝の準備ができないことをお母さんに話したときには、「まだ、バブちゃんだからね」と笑っているだけでした。担任の先生たちは、

「他の子たちは1か月もすれば自分でできるようになっていくのに、リンちゃんだけはひとりでやろうともしない」ことを心配し、「色鉛筆やスプーンの持ち方も他の子たちはでき始めているんだけど、リンちゃんはいまだにうまく使えないし、言葉の発音も、『オカシャン』『シェンシェイ』みたいに幼くって」と気になっています。とはいえ、甘え上手なリンちゃんなので、つい代わりにやってしまうということが多いといいます。先生たちは「来年度になると担任が減って、手をかけてあげられなくなっちゃうことを考えたら、やってあげるっていう対応をしていては、リンちゃんがやがて困るだろうなって思っていて……」と言っています。

【初回と2回目の観察状況】〔「　」内は発話、〈　〉内は観察者の内的体験での思いや気持ち〕

　園でリンちゃんを観察していると、観察者は、ほわーんってした気分になります。リンちゃんが醸し出すなんとも可愛らしいオーラに影響を受けている自分を感じました。そして、そんなリンちゃんは、いろいろな場面において自分でやろうとするまえに、そばにいた誰かにやってもらって、それが特別なことであるようには感じていないような

様子もうかがわれました。つまり、リンちゃんが「やって」などとシグナルを出していなくても、担任の先生たちや周りの子がいつのまにか手伝っているという様子が目撃されました。観察者は、〈確かに可愛いよな……だけど、それ以上に、幼いっていう印象が強い……まるでよちよち歩きの子っていう印象だな……〉と感じました。

そして、観察者は、自分の中に湧いてきた〈幼い〉という印象と、担任の先生たちが言っていた〈このままではリンちゃんがやがて困るだろう〉ということについて何度も自問自答していました。そうしながら、観察者は、こうしたリンちゃんを、家族たちがどういう思いでみているんだろうかということが気になりました。〈家庭では、誰からも面倒をみてもらえるポジションにいるんだもんな……〉という思いとともに、〈発達的に、自己主張が出てきて親とぶつかるイヤイヤ期に入る頃だけど、リンちゃんの主張に困ってしまうなんてことはあるんだろうか〉という問いも生じてきました。観察後の担任の先生とのやりとりから、同じクラスの子どもの親からは相談されるイヤイヤ期の対応について、リンちゃんの親からは相談されたことがないということを知りました。

ワーク（1）

観察場面や担任の先生からの話をもとに、観察者としてのあなたは、リンちゃんのことをどのように感じますか。

【3回目の観察状況と担任と観察者とのやりとり】〔「　」内は発話あるいは観察者が想像した子どもの内的体験、〈　〉内は観察者の内的体験での思いや気持ち〕

ある日の自由遊びを観察していると、リンちゃんがひとりでカプラ（木製の造形ブロック）を使って遊んでいました。リンちゃんは観察者と目が合うと、「うわぁ、シェンシェイ！」とうれしそうな表情を浮かべます。その顔をみると、観察者はほっこりするとともに、〈この子の笑みって、なんだか自然っていうより、言い方悪いけどあざとい感じで、大人の気持ちをひこうとする感じだな……〉といった、なんとも、子どもに対し

て感じていいのかちょっと首をかしげたくなるような思いを抱いていました。しかし、かすかな違和感にも目を向けることが重要であると観察者は知っていたので、こころに留めておきました。

　そういった気持ちをこころに留めておきながらみていると、リンちゃんは、「おうち、ちゅくる」と言い、カプラを重ねようとします。でも、手先が不器用で、思うような形に重ねあげることができず、すぐに崩れてしまいます。観察者は、〈頑張れー〉とこころの中で思いながらみています。でも、うまく重ねられません。その光景をみていると、観察者のこころの中に、〈毎日、保育園に来て、担任の先生に繰り返し同じことを言われてやってもらっているけれど、リンちゃんにとっては日々が積み重なっているって感覚がないんだろうな……〉など、カプラが積み重ならない遊びの様子がリンちゃんの保育園での体験を象徴しているように感じました。そして、〈実はリンちゃん、ニコニコして大人に甘えてくるけれど、本当はすごい困っているという気持ちを抱いているんじゃないかな〉という思いが生まれてきたため、ちょっと意識してリンちゃんの困り感に向き合ってみようと思いました。

　観察者がリンちゃんの困り感を想像し、カプラがうまく重ならないたびに、観察者は険しい表情を浮かべていたところ、リンちゃんは無表情となり、ただカプラをボーっとみていました。ただ、その表情を観察者にみられると、あわててニコニコした表情を浮かべなおし、「シェンシェイ、やって～」と甘えてきました。観察者は、瞬間的にリンちゃんの顔に浮かんだ険しい、なんとも困ったような表情がこころに残りました。それは、「どうせ、私はできないんだもん」といった深い絶望を感じているような表情にみうけられました。観察者は、〈この表情って、ひょっとしたら誰にもみてもらえていない面ではないだろうか……〉と思い、これまで焦点を向けられなかったことに申し訳ない気持ちを抱きました。"どうせ、私はできない"という気持ちを抱くリンちゃんに何ができるんだろうか、と考えました。そこで観察者は、「一緒に作ろうか」と提案してみました。"やってあげる"のではなく、また、「どうせ、できない」を放置するのでもない対応を試みようと思ったのです。正直、"一緒に"といっても、リンちゃんの手先

の幼さから、積み重ねるのは至難のわざでしたが、観察者はできるかぎり、リンちゃんの手をとって、"やってあげる"ではない協力をすることを意識しました。そのせいかわかりませんが、カプラで家が完成したときのリンちゃんの笑顔は、可愛らしいと大人に思われるような笑顔ではありませんでした。〈お、この笑顔はなんか違う。子どもらしい感じの笑顔だな〉と観察者の中に安心感が生まれました。

　リンちゃんと一緒にカプラを作った観察直後のコンサルテーションで、担任の先生たちと、リンちゃんの無表情と、カプラ完成後の子どもらしい笑顔について共有をしました。すると、興味深いことに、先生たちから、リンちゃんの無表情について、「そういえば」といくつかの場面での目撃が次々出されました。リンちゃんの可愛らしいニコニコ顔の陰で、あまり意識してこなかったリンちゃんのこころについて、観察者と先生たちが共有することができました。

ワーク（2）

- 観察者のあなたは、リンちゃんの笑顔の異なる印象をキャッチして、どのような気持ちになりますか。それはどうしてでしょうか。
- 観察者のあなたは、リンちゃんにこの場面で「やって」と言われたら、どのようにして関わろうと思いますか？　それはどうしてですか。

【その後】

　リンちゃんの表情から観察者が感じ取った"どうせ、私はできない"という印象について、観察者と担任の先生はさらに対話を続けました。観察者は、「リンちゃんの中で、『できた』って達成感、自分でやれた感じが大事になるんだろうなって思います。全部自分でやるってのはまだむずかしいんですが、できるだけ、"やってあげる"ではなく、お膳立てをして"ちょっとは私ができた"という感覚をもてるようにしてあげるのもいいのかなーと思います」と伝えました。先生たちは、"やってあげる"ではない、でも、"できた"感覚を味わえるための工夫について積極的に意見を出してくれました。「観察者をみていて、急がないで、余裕をもって待つようにしようと思った」という意見や、「『自分でやれたね』っていうところを、特に褒めてあげたい」といった意見も出てきま

した。

　その後、先生たちが"やってあげる"にはならない関わりを根気強く続けていくと、リンちゃん自身から「自分でする」という言葉が出てくるようになってきました。同じぐらいの時期に、リンちゃんのお母さんから、「最近、『リンが自分でする！』ってうるさく言うようになって、私が手を出すとすっごく拒否してきて、もう大変……」という話がきかれるようになりました。

M先生の解説

　ここでも、子どもが体験しているこころの世界を、観察者のこころを通して理解していくプロセスがみられます。こころをいかに自由に動かし、ありのままの言葉に置き換えていくのかという観察者の取り組みが、支援過程において重要な役割を果たしているのがわかります。時に、「ああ、可愛いな」といった強い印象があると、他の感情や思いに気づけなかったり、軽視してしまったりすることも多いのですが、この観察者は、かすかな違和感にも目を向け、「なんか、幼いぞ」「なんか不自然だぞ」といった印象をも軽視せず、注目しました。そして、そうした体験の共有は、日常でせわしない担任の先生たちが自分のこころに正直に向き合う助けにもなりました。

　支援者が要支援者の内的な体験を同じように味わうということを、PCAでは、「心理的接触」と呼びます。「心理的接触」を育む近道はありませんが、同じような動作や姿勢をとったり、口調や表情を同じようにしてみたり、視線の方向を合わせたりといったことが、「心理的接触」の機会を作ってくれることがあるといわれています。観察者が、リンちゃんは出せていないけれど、こころの中で体験しているだろう感情を代わりに表情として表現することで、リンちゃんと観察者のこころがつながれていったのかもしれません。

　最後に、観察者が主導権を握るのではなく、観察を通して体験したことを現場の支援者、つまり担任の先生たちと共有することで現場の支援者たちが主体性をもって、自分たちができることを工夫していくようになる様子もうかがえました。観察者が観察したエピソードを、整理しすぎないで、ありのままに提示することによって、担任の先生たちもまるで観察場面にいるかのようにして要支援者の体験をイメージしていけるようになるため、観察者から押しつけられた支援内容ではなく、自分たちで、支援のありかたを主体的に検討していくことができることがわかります。

　その後、リンちゃんのこころについて、お母さんと担任の先生も想像をめぐらすやりとりを繰り返しました。しばらくして、お母さんから報告されたリンちゃんの成長ぶりはう

　第2部　観察ワーク編

れしいものがあります。単に発達支援的な対応だけでなく、担任の先生たちやお母さんが、子どものこころへの理解を深めていこうと考えていってくれたことが、子どもの成長を促していったのだと思われます。

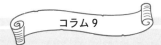

関係を育む「いること」を続ける姿勢
【Being rather than doing】

　心理職をはじめとする対人援助職は、対象者となる要支援者に対して何かを「すること」が求められていると感じます。専門家だから、何かを相手に提供しないといけないという、ある種のプレッシャーです。観察においても、何もしないままでいることがつらくなってしまう場合があります。しかし、観察の場で、「すること」よりも「いること」のプロセスを意識し続けることは、対象を理解し、支援につなげるのを助けるのです。

　「いること」は「すること」よりも簡単で、専門的でないと思う人がいるかもしれません。しかし、観察のプロセスの中で、観察者が観察対象とこころの交流をしながら、その場に「いること」というのは、容易なことではなく、とても意味があります。時に感情がかき乱され、そうした感情を抑えようとして、自分や要支援者に働きかけたくなることがあり、それによって、観察対象をありのままにみることがむずかしくなることがあります。しかし、働きかけを「する」前に立ち止まり、なんでこんな気持ちにさせられるのだろう、なんでこの子はこうしたことを繰り返すのだろう、と自分の中で問いつつ「いること」から、理解や関わりのヒントが浮かびあがってくることがあります。

　精神分析家であり、小児科医であるウィニコット（Winnicott, 1987）は、「仕返しをせずに生き残ることが後に赤ちゃんの思いやりの気持ちを活性化させることにつながる」、と言及しています。成長するにつれ、赤ちゃんは自己主張の原型となる引っ掻いたり、噛んだりといった攻撃性を他者に向けるようになります。たとえ、相手が赤ちゃんといえども、こうした攻撃性を向けられると、養育者は、いらいらとした感情を赤ちゃんに向けたくなります。ですが、そうした体験をしたとしても、仕返しをせずに「パクパクしちゃったの、ママみたいよ～」などユーモアのある遊びに変えながらい続けることで、赤ちゃんの攻撃性に対するいろいろな意味を考えられるようになります。こうして赤ちゃんの前に「い続けること」、こうしたプロセスは、赤ちゃんに安心できる

「関係」を提供することを可能にします。

　高いところから落ちて頭を打ってしまいそうな場面や、子ども同士のけんかがエスカレートし、椅子を投げてしまいそうな危険な場面は、観察を続けるよりも仲裁に入る必要があります。とはいえ、観察しながら、はらはらしたり、いらいらしたりすることもあります。ここで重要になるのは、観察者のこころに喚起された気持ちや考えに対して十分に目を向けられてない状態で介入することを可能な範囲で控えるということです。たとえば、ジャングルジムのてっぺんまで登って楽しんでいる男児がいて、そばには父親がスマートフォンの画面をみているという状況を観察していたとします。観察者は、危なっかしくて「はらはらする」という不安な気持ちや、「子どもから目を離すべきではないのに」という父親へのいらだちを体験するかもしれません。観察者は、自分の中に浮かんでくるそうした気持ちや思いに目を向けます。「必要以上に不安になっているのではないか？」「父親へのいらだちが不合理に膨らんでないか？」「あの子の冒険を邪魔しないほうがいいかな？」「父親もはらはらしてて、でも、見守ろうとしているのか？」などと。そうすることで、自分の過去の体験や他人の目が観察場面に現実的には必要のない「すること」を急かしてしまうことを防げます。また、観察対象の内的体験にしばし目を向けられます。その結果、慎重さと冒険心の間で揺れながらも選んだ男児の主体的チャレンジを邪魔することなく見守れるかもしれません。あるいは、緊張しながらも、わざと知らんぷりしてみせて、ジャングルジムのてっぺんで立ち上がる息子の雄姿をスマホのカメラに収める父親の姿をみられるかもしれません。自分との対話を通して「いること」を続けることによって観察できるものは、男児と父親の姿だけでなく、観察者の主観的体験を通して意識化される彼らのありのままの体験であったりします。もちろん、安全を守るために「すること」を急がないといけないこともありますが。

　「すること」の多くは、「変えたくなること」です。「変えたくなること」はしばしば、対象のありのままの姿を妨害する行為となりかねません。自分との対話、観察対象との非言語的対話を意識してみるプロセスが、「投影同一化」や「逆転移」に気づかせたり、相手が主体的に変容していくために求められる支援者の「自己一致」を可能にしたりもします。こうしたことが、理解と思いやりのある「関係」の土台を生み出すのです。

終　章
「観察マインド」と思いやりのあるまなざし

　本書は、子どもへの理解と、子どもへの支援関係を築き支援を展開していくうえで、「観察マインド」がいかに重要となるかについて論じてきました。最後に、もういちど、「観察マインド」における重要なポイントについて、「観察」「記録」「対話」というキーワードでまとめてみたいと思います。この3つは、乳幼児観察を構成する要素として考えられているものですが、どのような理論的立場においても、もちろん、PCAにおいても、3つは切り離して行われるものではなく、組み合わせて体験したり、行ったり来たりさせて体験したりすることで、観察の専門性を支援に最大限に生かすことができます。

　観察に基づいた情報から理解と支援を展開する際、この3つがセットになることで、観察者は、観察しているときに味わう体験をどんなものでも否定せず、いったん「引き受ける」ことができるようになります。筆者のひとり、Nくんは、観察中に観察対象に対して「可愛くない」「にくったらしい」「息苦しい」などと感じることを特に重視すると言います。それは、支援者たちがこころのどこかで「（子どもに対して）こう感じてはならない」と思っている体験だからです。観察者が、あえてそうした側面に敏感になり、PCAでいう自己一致をして、観察での体験をありのままに「記録」し、また、「記録」をもとにした「対話」で、支援者たちとありのままに共有したり、問い直したり、振り返ったりすることで、日常の関わりの中で向き合うのがむずかしくなり、滞っていた子どもへの理解や支援関係の構築に進展がみられます。「観察」されたものを観察者だけが保持していたのでは、支援者たちと関係を構築し、子ども理解を深めることができません。そのため、自分に問いかけながら「記録」をする過程や、それをもとに支援者や関係者と「対話」をする過程が加わることで、観察という専門性が力を発揮します。

　「対話」というのは、観察者に、観察の過程で生じた情緒的体験と距離を置くことを可能にします。そして、正直で、ありのままにいようとする観察者によって安心感や安全感を保障された環境で支援者たちとのやりとりが行われることにより、彼らの自己一致をすすめ、内省力も育てていきます。

ひとつ、乳幼児観察における「記録」は、PCA 的な観察における「記録」（主観的な体験をありのままに記録の中に明示するやり方です。観察時点での体験も、観察後の体験も含めます）とやや異なる特徴をもっていることを明記しておきたいと思います。乳幼児観察における「記録」はあえて、主観的な体験と客観的事象を書き分けることはせず、まるで「観察物語」のように書くのです。いずれにせよこのような「記録」の過程が、観察者のこころの中に「考えるスペース」を作り出すことを可能にします。この体験が、内省機能の向上につながります。

　ここまでの内容ですが、以下の図のようにあらわすことができます。

【図2】内省機能を向上させる「観察」「記録」「対話」のサイクル

　さて、これまで述べてきた、観察を支援につなげる「観察マインド」を高めていく体験について、最後にぎゅっと凝縮してお伝えしておきたいと思います。

　ひとつは、みえているものを、できるだけ広い視野で、また、視覚情報だけに偏らず、聴覚情報をはじめ五感を使って体験しようとしてほしいと思います。一方で、みえていないもの（観察場面ではみえていないものや観察者の心的世界に登場してこないものを含めて）を、あえて「みえていない」（体験してない）として気づき、記録しておく体験を大切にしてほしいです。そして、最後に、みえたものやみえていないものについて、自分と、そして他者と対話をするうえで、安心できる環境を作っていくことを意識してみる体験も「観察マインド」を高めていくうえで力になります。

　このような「観察マインド」は、専門家だけのありかたではなく、養育者が子どもと関わる中でも用いることができます。さらに、こうしたマインドは、保育園や学校といっ

た組織の理念や地域・社会の文化へと波及していくことで、「思いやりのある社会（caring society）」に寄与するまなざしを育てていくことにつながるのではないかと、筆者たちは思っております。

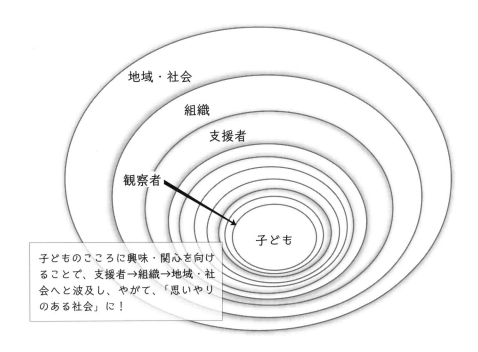

【図3】「思いやりのある社会」の構築に寄与する「観察マインド」の波及

あとがき

　本書は、東京女子大学の教授である前川あさ美先生と一緒に執筆しました。本書を執筆するに至ったきっかけは、私が保育園で行ったクラス観察の経験を前川先生にお伝えしたことでした。そのクラスは、担任保育者たちだけでは集団保育を行うことがむずかしい、いわばクラス崩壊の状態を呈していました。そうしたクラスに対して、私は週1回1時間の頻度で観察を行い、観察後に担任保育者との話し合いを2年間行いました。こうした私の体験に対して、前川先生は、「とてもおもしろいし、大事なことをしているね！」と興味・関心を示してくださいました。何度か前川先生とやりとりをする中で、「あなたがしている観察の視点は、心理職だけじゃなくて、多くの対人援助職にも役立つと思う」と言ってくださり、本書が生まれるきっかけとなりました。

　前川先生とのやりとりの中で、「乳幼児観察の視点が学派や職種を越えて、子どもを理解していく共通の基盤となるんだ」と、私が行ってきた取り組みに意味や意義を見出すことができました。前川先生と共に本書を執筆することができたことは、私にとって出版という形として残す以上のものを得る機会になりました。それは、心理臨床家として今後も私が大事にしていきたい価値観や信念である「観察という方法を用いて子どもを理解していくことが絶対に正しい！とは言い切れないけど、間違っているわけではない」ということになります。本当にありがとうございます。

　本書は、多くの方のサポートによって完成することができました。本書に出てくる事例は、前川先生と私がこれまで出会ってきたクライエントとの経験に基づいています。特に、私が執筆した事例の多くは、これまで保育園で出会ってきた子どもたちとの経験が基になっています。子どもたちの多くは、馴染みのない私に対して、「みてみて」とうれしそうに言ってきたり、「こっち来て」と手を引っ張ったりして、自分たちがしていることを共有しようとしてくれます。傍からみると、子どもに付き添ってあげているとみえるかもしれませんが、私は多くのことを子どもたちに教えてもらっています。子どもたちだけでなく、保育者や養育者の方々からも、日々子どもたちと関わる際の苦悩や喜びなど、面

接室の中だけでは知ることができない子どもの姿を教えていただいています。日々の保育臨床の中でこうした経験ができることに深く感謝申し上げます。

　続けて、私の乳幼児観察のトレーニングを受け入れてくださったご家族にも感謝申し上げます。コロナ禍という部外者と接触することが極めてむずかしい状況の中で2年間実施することができました。赤ちゃんのこころとからだの発達には養育者との情緒的交流が不可欠であること、時にみることも耐え難い苦しい時期でも定期的にその場に居て見続けることに意味があることなど、多くのことを学ぶことができました。また、乳幼児観察グループのリーダーである鈴木龍先生と、同じグループに所属した畑山由華先生、小笠原貴史先生、本田敦子先生、吉沢伸一先生に感謝申し上げます。鈴木先生には、無理をいって私の乳児観察を最後まで見届けていただきました。先生方との出会いを通して、乳幼児観察は、「観察」だけでなく、「記録」と「対話」も重要である、ということに気がつくことができました。

　本書を形にしていく中で新曜社の田中由美子様には、一文一文を丁寧に読み込んでくださいました。私たちの意図を汲んでくださったコメントや、説明不足な部分についてコメントをいただくことで、より良いものとなりました。大変お世話になりました。また、大原由軌子様には、私の観察記録を基に作成した第5章の観察ワークに素敵なイラストを描いていただきました。ラフ段階から温かみのあるイラストで、文章だけでは伝えきれない面を表現してくださいました。タイトなスケジュールの中、引き受けていただき、本当にありがとうございました。

　こうした多くの方々との出会いや経験から、本書を形にすることができました。末筆ではございますが、深く感謝申し上げます。本書で示した「観察マインド」が心理職や対人援助職のみならず、多くの方々にとって役に立ち、人と人との関わりにおいて大切なことと感じてもらえるようになることを願っております。

　　　　　　　　　　　　　　　　　　　　　　　　　　執筆者を代表して
　　　　　　　　　　　　　　　　　　　　　　　　　　西野将史

文 献

Bion, W. R. (1962) *Learning from experience*. London: Heinemann.（福本修（訳）(1999)「経験から学ぶこと」精神分析の方法Ⅰ：セブン・サーヴァンツ．法政大学出版局，pp. 5-116.）

Bion, W. R. (1970) *Attention and interpretation*. London: Tavistock Publications.（福本修・平井正三（訳）(2002)「注意と解釈」精神分析の方法Ⅱ：セブン・サーヴァンツ．法政大学出版局，pp. 195-329.）

Campos, J. J., & Sternberg, C. (1981) Perception, appraisal, and emotion: The onset of social referencing. (In M. E. Lamb & L. R. Sherrod (Eds), *Infant social cognition: Empirical and theoretical considerations*. Hillsdale: L. Erlbaum Associates, pp. 279-314.)

Datler, W., Trunkenpolz, K., & Lazar, R. A. (2009) An exploration of the quality of life in nursing homes: The use of single case and organisational observation in a research project. *Infant Observation*, 12(1), 63-82.

土居健郎（1977）方法としての面接：臨床家のために．医学書院．

Elfer, P. (2012) Psychoanalytic methods of observation as a research tool for exploring young children's nursery experience. *International Journal of Social Research Methodology*, 15(3), 225-238.

Freud, S. (1910) Die zukünftigen Chancen der psychoanalytischen Therapie. GW, VIII, 104-115.（高田珠樹・甲田純生・新宮一成・渡辺哲夫（訳）(2009)「精神分析療法の将来の見通し」フロイト全集11：1910-11年．岩波書店，pp. 191-204.）

Freud, S. (1912) Ratschläge für den Arzt bei der psychoanalytischen Behandlung. Zentralblatt für Psychoanalyse, II, 483-489, GW, VIII, 376-387.（須藤訓任・門脇健（訳）(2009)「精神分析治療に際して医師が注意すべきことども」フロイト全集12：1912-13年．岩波書店，pp. 247-257.）

藤森旭人（2016）学級崩壊に近い状態を呈する小学生集団のクラス観察：タビストック方式乳児観察のスクールカウンセリングへの応用．日本心理臨床学会第35回大会発表集，54.

Hartman, J. (2018) Holding Mind in Mind: A Mindful Mentalization-Based Skill to Improve Relationships. Genuine Life wellness. https://www.genuinelifewellness.com/2018/04/27/holding-mind-in-mind/

Houzel, D. (1999) A therapeutic application of infant observation in child psychiatry. *Infant Observation*, 2(3), 42-53.

Kanazawa, A., Hirai, S., Ukai, N., & Hubert, M. (2009) The application of infant observation technique as a means of assessment and therapeutic intervention for 'classroom breakdown' at a school for Japanese-Koreans. *Infant Observation*, 12(3), 335-348.

Mearns, D. (1994) *Developing person-centred counselling*. London: Sage.（岡村達也・林幸子・上嶋洋一・山科聖加留（訳）(2000) パーソンセンタード・カウンセリングの実際：ロジャーズのアプローチの新たな展開．コスモス・ライブラリー．）

Meins, E., Fernyhough, C., Fradley, E., & Tuckey, M. (2001) Rethinking maternal sensitivity. *Journal of Child Psychology and Pscyhiatry and Allied Discipline*, 42, 637-648.

Meltzer, D. (1983) *Dream-life: A re-examination of the psycho-analytical theory and technique*. Perthshire: Clunie Press.（新宮一成・福本修・平井正三（訳）(2004) 夢生活：精神分析理論と技法の再検討．金剛出版．）

三國牧子・本山智敬・坂中正義（編著），野島一彦（監修）(2015) 共感的理解（ロジャーズの中核三条件：カウンセリングの本質を考える3）．創元社．

森稚葉（2022）グループディスカッションを振り返って：保育の日常生活の中で心の専門家として機能するために．乳幼児観察応用研究会誌，1, 27-34.

本山智敬・坂中正義・三國牧子（編著），村山正治（監修）(2015) 一致（ロジャーズの中核三条件：カウンセリングの本質を考える1）．創元社．

村田朱美（2020）親の感受性や情緒応答性は如何に育つのか：乳幼児観察を基盤とした「4つのW」による子育て支援．白百合女子大学発達臨床センター紀要，(23), 97-108.

西野将史（2022）保育現場においてクラス崩壊を呈した年中児クラスに対するタビストック方式乳幼児観察を応用したクラス観察の試み：観察の治療的効果についての一考察．精神分析的心理療法フォーラム，*10*, 79-91.

西野将史（2023）保育臨床に応用したタビストック方式乳幼児観察の作用機序の検討．心理臨床学研究, *41*(4), 339-349.

Rogers, C. (1942) *Counseling and psychotherapy: Newer concepts in practice.* New York: Houghton Mifflin.（末武康弘・保坂亨・諸富祥彦（訳）（2005）カウンセリングと心理療法：実践のための新しい概念（ロジャーズ主要著作集1）．岩崎学術出版社．）

Rogers, C. (1951) *Client-centered therapy: Its current practice, implications, and theory.* New York: Houghton Mifflin.（保坂亨・諸富祥彦・末武康弘（訳）（2005）クライアント中心療法（ロジャーズ主要著作集2）．岩崎学術出版社．）

Rogers, C. (1957) The necessary and sufficient conditions of therapeutic personality change. *Journal of Consulting Psychology*, *21*, 95-103.（伊東博（編訳）（1966）「パースナリティ変化の必要にして十分な条件」サイコセラピィの過程（ロージァズ全集4）．岩崎学術出版社．）

Rogers, C. R. (1961) *On becoming a person: A therapist's view of psychotherapy.* London: Houghton Mifflin.（諸富祥彦・末武康弘・保坂亨（訳）（2005）ロジャーズが語る自己実現の道（ロジャーズ主要著作集3）．岩崎学術出版社．）

Rogers, C. (1966) Client-centered therapy. In S. Arieti (Ed.), *American handbook of psychiatry, Vol.3.* New York: Basic Books.（伊東博（編訳）（1967）「クライエント中心療法」クライエント中心療法の最近の発展（ロージァズ全集15）．岩崎学術出版社．）

Rogers, C.／加藤久子・東口千津子（共訳）（2007）ロジャーズのカウンセリング（個人セラピー）の実際：英和対訳．コスモス・ライブラリー．

Rustin, M. E., & Bradley, J. (2008) *Work discussion: Learning from reflective practice in work with children and families.* London: Karnac.（鈴木誠・鵜飼奈津子（監訳）（2015）ワーク・ディスカッション：心理療法の届かぬ過酷な現場で生き残る方法とその実践．岩崎学術出版社．）

佐治守夫（1966）カウンセリング入門．国土社．

佐治守夫（2007）臨床家としての自分をつくること：エッセイ・講演編（臨床家佐治守夫の仕事3）．明石書店．

佐治守夫・飯長喜一郎（編）（2011）ロジャーズクライエント中心療法：カウンセリングの核心を学ぶ（新版）．有斐閣．

坂中正義・三國牧子・本山智敬（編著），飯長喜一郎（監修）（2015）受容：無条件の積極的関心（ロジャーズの中核三条件：カウンセリングの本質を考える2）．創元社．

Tronick, E. (2007) *The neurobehavioral and social-emotional development of infants and children.* New York: Norton.

上田順一（2019）タビストック方式乳幼児観察からの贈り物．（鈴木龍・上田順一（編）子育て，保育，心のケアにいきる赤ちゃん観察．金剛出版，pp. 155-164.）

上田順一（2021）保育現場に活かす乳幼児観察：コンサルテーションと多職種協働．配布資料．認定NPO法人子どもの心理療法支援会　子どもの精神分析的心理療法セミナー2021.

上田順一（2022）乳幼児観察応用研究会で見えるものは何か．乳幼児観察応用研究会誌，*1*, 47-58.

上田順一・森稚葉（2019）対談：保育臨床と赤ちゃん観察．（鈴木龍・上田順一（編）子育て，保育，心のケアにいきる赤ちゃん観察．金剛出版，pp. 167-184.）

Wakelyn, J. (2019) *Therapeutic approaches with babies and young children in care: Observation and attention.* London: Routledge.（御園生直美・岩﨑美奈子（監訳）（2023）里親養育における乳幼児の理解と支援：乳幼児観察から「ウォッチ・ミー・プレイ！」の実践へ．誠信書房．）

Winnicott, D. (1965) *The maturational processes and the facilitating environment.* London: Hogarth Press.（大矢泰士（訳）（2022）完訳 成熟過程と促進的環境：情緒発達理論の研究．岩崎学術出版社．）

Winnicott, D. (1987) *Babies and their mothers.* London: Free Association Books.（成田善弘・根本真弓（訳）（1993）赤ん坊と母親．岩崎学術出版社．）

著者紹介

西野将史（にしの・まさふみ）
2024 年，東京女子大学大学院人間科学研究科生涯人間科学専攻博士後期課程修了
現在，東京女子大学特任研究員
保育カウンセリングや巡回相談などの保育臨床ならびに都内の BONDS 東京カウンセリングサービスで心理臨床活動をおこなう
おもな著書：『トラウマを抱える子どものこころを育むもの：アタッチメント・神経科学・マインドフルネスとの出会い』（共訳，誠信書房，2022 年），『ビオン事典』（共訳，金剛出版，2023 年）

前川あさ美（まえかわ・あさみ）
東京大学教育学部教育心理学科卒，東京大学大学院教育心理学研究科博士後期課程単位取得退学
現在，東京女子大学現代教養学部教授
都内の園や小学校などで巡回による専門家支援，また，大学の心理臨床センターならびに都内の BONDS 東京カウンセリングサービスで心理臨床活動をおこなう
おもな著書：『発達障害の子どもと親の心が軽くなる本：「心の声」を聴いてみよう！』（単著，講談社，2016 年），『発達障害 僕にはイラつく理由がある！』（監修・解説，講談社，2019 年），『発達障害「できないこと」には理由がある！』（監修・解説，講談社，2022 年），『絵本がひらく心理臨床の世界：こころをめぐる冒険へ』（共著，新曜社，2020 年）

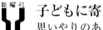

子どもに寄り添う「観察マインド」
思いやりのある支援に生かす

初版第 1 刷発行　2025 年 3 月 15 日

著　者　西野将史・前川あさ美
発行者　堀江利香
発行所　株式会社 新曜社
　　　　101-0051　東京都千代田区神田神保町 3-9
　　　　電話（03）3264-4973（代）・FAX（03）3239-2958
　　　　e-mail：info@shin-yo-sha.co.jp
　　　　Ｕ Ｒ Ｌ：https://www.shin-yo-sha.co.jp/

印　刷　新日本印刷
製　本　積信堂

Ⓒ Masafumi Nishino, Asami Maekawa, 2025 Printed in Japan
ISBN978-4-7885-1873-5 C1011